XIANDAI CHANYE FENXI
JIYU SHISI GE ANLI DE GUANCHA

现代产业分析
——基于14个案例的观察

林素絮　张一　林欣 ◎ 主编

版权所有　翻印必究

图书在版编目（CIP）数据

现代产业分析：基于14个案例的观察/林素絮，张一，林欣主编. -- 广州：中山大学出版社，2024.12. -- ISBN 978-7-306-08377-7

Ⅰ. F062.9

中国国家版本馆 CIP 数据核字第 20251PX774 号

出 版 人：王天琪
策划编辑：杨文泉
责任编辑：杨文泉
封面设计：曾　斌
责任校对：杨曼琪
责任技编：靳晓虹
出版发行：中山大学出版社
电　　话：编辑部 020-84110283，84113349，84111997，84110779，84110776
　　　　　发行部 020-84111998，84111981，84111160
地　　址：广州市新港西路135号
邮　　编：510275　　　　传　真：020-84036565
网　　址：http://www.zsup.com.cn　　E-mail：zdcbs@mail.sysu.edu.cn
印 刷 者：广东虎彩云印刷有限公司
规　　格：787mm×1092mm　1/16　12.75 印张　245 千字
版次印次：2024年12月第1版　2024年12月第1次印刷
定　　价：50.00元

如发现本书因印装质量影响阅读，请与出版社发行部联系调换

目　录

第一章　直播电商产业 ··· 1
　　一、产业概况 ·· 1
　　二、产业属性 ·· 5
　　三、市场结构分析 ·· 7
　　四、市场行为分析 ··· 10
　　五、市场绩效分析 ··· 11
　　六、产业未来发展趋势 ··· 13
　　七、产业发展困境 ··· 14
　　八、产业政策建议 ··· 16

第二章　医美产业 ·· 20
　　一、产业概况 ·· 20
　　二、产业属性 ·· 20
　　三、市场结构分析 ·· 21
　　四、市场行为分析 ·· 25
　　五、市场绩效分析 ·· 27
　　六、产业未来发展趋势 ·· 28
　　七、产业发展困境 ·· 28
　　八、产业政策建议 ·· 29

第三章　在线教育产业 ·· 32
　　一、产业概况 ·· 32
　　二、产业属性 ·· 33
　　三、市场结构分析 ·· 34

1

四、市场行为分析 …………………………………………… 37
　　五、市场绩效分析 …………………………………………… 39
　　六、产业未来发展趋势 ……………………………………… 40
　　七、产业政策建议 …………………………………………… 42

第四章　文化创意产业 …………………………………………… 45
　　一、产业概况 ………………………………………………… 45
　　二、产业属性 ………………………………………………… 47
　　三、市场结构分析 …………………………………………… 49
　　四、市场行为分析 …………………………………………… 51
　　五、市场绩效分析 …………………………………………… 52
　　六、产业未来发展趋势 ……………………………………… 54
　　七、产业发展困境 …………………………………………… 55
　　八、产业政策建议 …………………………………………… 57

第五章　文化旅游产业 …………………………………………… 61
　　一、产业概况 ………………………………………………… 61
　　二、产业属性 ………………………………………………… 64
　　三、市场结构分析 …………………………………………… 65
　　四、市场行为分析 …………………………………………… 65
　　五、市场绩效分析 …………………………………………… 67
　　六、产业未来发展趋势 ……………………………………… 67
　　七、产业发展困境 …………………………………………… 69
　　八、产业政策建议 …………………………………………… 70

第六章　养老地产 ………………………………………………… 74
　　一、产业概况 ………………………………………………… 74
　　二、产业属性 ………………………………………………… 76
　　三、市场结构分析 …………………………………………… 77
　　四、市场行为分析 …………………………………………… 80
　　五、市场绩效分析 …………………………………………… 81
　　六、产业未来发展趋势 ……………………………………… 82
　　七、产业发展困境 …………………………………………… 84

八、产业政策建议 ·· 85

第七章　智慧养老产业 ·· 88
　　一、产业概况 ·· 88
　　二、产业属性 ·· 94
　　三、市场结构分析 ·· 95
　　四、市场行为分析 ·· 96
　　五、产业发展困境 ·· 97
　　六、产业政策建议 ·· 98

第八章　动漫产业 ·· 101
　　一、产业概况 ·· 101
　　二、产业属性 ·· 103
　　三、市场行为分析 ·· 105
　　四、市场绩效分析 ·· 106
　　五、产业未来发展趋势 ·· 109
　　六、产业发展困境 ·· 109
　　七、产业政策建议 ·· 110

第九章　汽车产业 ·· 113
　　一、产业概况 ·· 113
　　二、市场结构分析 ·· 115
　　三、市场行为分析 ·· 117
　　四、市场绩效分析 ·· 118
　　五、产业未来发展趋势 ·· 119
　　六、产业发展困境 ·· 122
　　七、产业政策建议 ·· 123

第十章　生物医药产业 ·· 125
　　一、产业概况 ·· 125
　　二、产业属性 ·· 127
　　三、市场结构分析 ·· 129
　　四、市场行为分析 ·· 131

五、市场绩效分析 ··· 133
　　六、产业未来发展趋势 ····································· 134
　　七、产业发展困境 ··· 135
　　八、产业政策建议 ··· 136

第十一章　电影院线产业 ··· 140
　　一、产业概况 ··· 140
　　二、产业属性 ··· 149
　　三、市场结构分析 ··· 149
　　四、市场行为分析 ··· 151
　　五、市场绩效分析 ··· 153
　　六、产业政策建议 ··· 154
　　七、结语 ··· 155

第十二章　生鲜电商产业 ··· 157
　　一、市场结构分析 ··· 160
　　二、市场行为分析 ··· 162
　　三、市场绩效分析 ··· 163
　　四、产业特征 ··· 164
　　五、产业发展建议 ··· 165

第十三章　电子竞技产业 ··· 168
　　一、产业概况 ··· 168
　　二、市场结构分析 ··· 170
　　三、市场绩效分析 ··· 172
　　四、产业未来发展趋势 ····································· 174
　　五、产业发展困境 ··· 175
　　六、产业政策建议 ··· 175

第十四章　游戏产业 ··· 178
　　一、产业概况 ··· 178
　　二、产业属性 ··· 178
　　三、市场结构分析 ··· 179

四、市场行为分析……………………………………………184
五、市场绩效分析……………………………………………186
六、产业未来发展趋势………………………………………188
七、产业发展困境……………………………………………190
八、产业政策建议……………………………………………191

第一章　直播电商产业

一、产业概况

艾媒咨询的数据显示，2018年到2023年，我国在线直播行业的用户规模逐年上升，2023年达到8.16亿人。相比2022年，其用户规模增长了8.7%。在网红经济①以及粉丝经济②的效应之下，以直播带货为主要形式的直播电商，成为电商领域的新蓝海，能帮助传统电商行业增长人气，具有挖掘潜在客户和调动消费者消费欲望的能力，为传统的电商领域赋能。2020年新冠疫情暴发，大多数人选择居家而减少外出。受到这场疫情的影响，线下商家销售经营状况惨淡，为减少损失，许多商家把战场转移到线上，通过直播方式销售产品，并在直播销售中获得了收益，甚至一场直播卖货的商品销售额比线下一周的商品销售额还要高。在此情况下，为了促进疫情影响下的经济发展，政府出台了多项政策鼓励直播电商行业的发展，越来越多的商家进入直播电商行业，这也使得直播电商行业在疫情之下迅猛发展，受到万众瞩目。

（一）定义

直播电商指的是商家通过直播的形式，给观众推荐商品，激发其潜在的购买欲望，最终实现交易的电商渠道。在直播过程中，主播如同线下销售中的"导购"，其个人的销售能力对商品销售效果会产生极大的影响。笔者认为，直播电商的本质就是线下导购的线上化，相较于传统电商通过图片、文字展示商品的形式，直播电商则是用视频直播、主播讲解的形式全方位地展示商品，具有内容丰富、互动性强、转化率高等特点。

---

① 网红经济是一种诞生于互联网时代下的经济现象，意为网络红人在社交媒体上聚集流量与热度，对庞大的粉丝群体进行营销，将粉丝对他们的关注度转化为购买力，从而将流量变现的一种商业模式。

② 粉丝经济泛指架构在粉丝和被关注者关系之上的经营性创收行为，是一种通过提升用户黏性并以口碑营销形式获取经济利益与社会效益的商业运作模式。

传统电商（traditional e-commerce）是指基于互联网技术，通过电子方式完成商品或服务的交易的商业模式。它主要依赖于互联网平台，将线下的商业活动转移到线上，实现商品展示、信息发布、订单处理、支付结算和物流配送等功能。表1-1展示了直播电商与传统电商的区别。

调查结果表明，喜欢直播电商和喜欢传统电商的受访者占比分别为42.6%和34.9%，还有约两成消费者表示不确定。（图1-1）不难看出，越来越多的消费者能够接纳直播电商这一形式。根据受访者进一步反馈，大家之所以更喜欢直播电商购物，是因为直播间可以营造抢购氛围，增强社交性和互动性，使商品更加真实、直观，这三种原因共占比83.9%，另有15.4%消费者认为直播间营造的场景，可以弥补体验感。

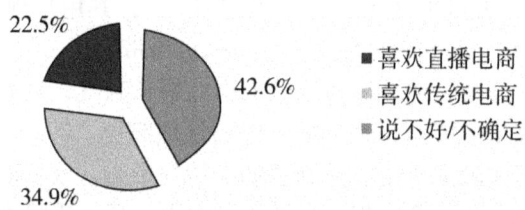

图1-1 消费者对直播电商和传统电商的偏好

数据来源：2020年中国消费者协会《直播电商购物消费者满意度在线调查报告》，https://www.thepaper.cn/newsDetail_forward_6799987。

表1-1 直播电商与传统电商的区别

区别点	直播电商	传统电商
内容呈现	主播导购与用户互动	商品详情页及图文信息
属性特征	娱乐+营销	营销
商业逻辑	"货找人"； 主播将商品呈现给用户	"人找货"； 用户自行搜索所需商品
商品价格	价格具有一定的优势； 经常通过秒杀、礼赠、降价等手段吸引用户	价格优势不明显； 价格较为稳定，日常折扣小
互动性	较强； 主播与用户进行实时互动	较弱
转化率	较高	较低

(二) 发展历程

直播电商的发展始于 2016 年，爆发于 2019 年，其发展速度之快，影响面积之大，可谓是我国经济发展的一项"奇观"。2020 年新冠疫情期间，电商直播在我国迸发新活力，成为刺激经济发展的新动力，其重要地位也得到政府肯定。纵观直播电商的发展历程，可分为四个阶段（表 1-2）。

表 1-2 直播电商的发展历程

时间	阶段	概况	主要特征
2016 年	"崭露头角"阶段	2016 年 3 月，借助直播的东风，淘宝和蘑菇街正式上线直播购物功能，直播电商的概念落地，2016 年也被称为直播电商元年。 ①2016 年 1 月，快手上线直播功能； ②2016 年 3 月，淘宝直播试运营，并于 5 月正式推出； ③2016 年 3 月，蘑菇街上线直播业务，成为首个推出直播购物的电商平台； ④2016 年 9 月，京东商城上线直播功能； ⑤2016 年被视为直播电商的元年。这一阶段，直播电商开始从娱乐直播中脱颖而出，电商平台和短视频平台纷纷上线直播功能，探索"直播+电商"的新模式	①初步探索：直播电商处于起步阶段，平台以内容建设与流量变现为目标，尝试将直播与电商结合； ②主播类型：主播以"淘女郎"为主，销售的商品主要集中在服装和美妆领域； ③市场规模：直播电商市场规模较小，消费者对其接受度较低，行业开始受到关注

续表

时间	阶段	概况	主要特征
2017—2018年	"方兴未艾"阶段	苏宁、京东、快手、抖音等平台纷纷加入直播带货大军，MCN（多频道网络）等专业化服务商涌现，直播行业开始分化，前景值得期待。 ①苏宁、京东等传统电商平台进一步完善直播功能； ②快手、抖音等短视频平台开始探索直播带货模式； ③MCN机构等专业化服务商涌现，推动直播电商的专业化发展； ④这一阶段，直播电商进入快速拓展期，更多平台加入直播带货大军，行业生态逐渐丰富，直播行业开始分化，前景值得期待	①平台多元化：电商平台与短视频平台共同推动直播电商发展； ②专业化发展：MCN机构等专业化服务商的出现，提升了直播电商的内容质量和运营效率； ③市场拓展：直播电商的市场规模和用户规模开始快速增长，行业前景被广泛看好； ④内容丰富化：直播内容从单一的娱乐形式向电商、教育、社交等多领域渗透
2019年	"如火如荼"阶段	①一些直播主持人崛起，成为家喻户晓的明星； ②2019年，直播电商进入爆发式增长阶段，成为全民热议的话题； ③根据艾媒咨询的数据，2019年中国直播电商行业的总规模达到4338亿元，同比增长200.4%。其中，淘宝直播的成交额突破2000亿元，快手平台的直播电商交易额达到1500亿元，抖音平台的交易额也达到400亿元	①爆发式增长：直播电商市场规模迅速扩大，成为电商行业的重要增长点； ②头部主播效应：头部主播凭借强大的带货能力，推动直播电商的快速发展； ③政策支持：多地出台直播电商扶持政策，推动行业发展； ④全民参与：直播电商逐渐成为全民参与的消费模式，消费者接受度大幅提高

续表

时间	阶段	概况	主要特征
2020年	"登堂入室"阶段	①疫情推动直播电商成为线下经济的重要补充，官员、企业家、明星纷纷参与直播带货；②直播电商被写入2020年《政府工作报告》，其地位得到官方认可；③2020年，新冠疫情期间，直播电商成为刺激经济发展的新动力，其重要性得到官方肯定	①经济刺激作用：直播电商在疫情期间成为经济复苏的重要动力；②全民参与：政府官员、企业家、明星等纷纷参与直播带货，推动直播电商的全民化；③政策认可：直播电商被写入政府工作报告，其重要性得到官方认可；④行业规范化：政府部门加强对直播电商的规范管理，推动行业健康发展

二、产业属性

（一）市场需求弹性

就用户规模而言，用户线上消费习惯加速养成，电商直播用户规模快速增长。中国互联网络信息中心（CNNIC）从第45次《中国互联网络发展状况统计报告》开始披露我国电商直播用户规模。在疫情期间，用户线上消费习惯加速养成，直播电商已经成为一种广泛受到用户喜爱的新兴购物渠道。2024年3月，CNNIC发布第53次《中国互联网络发展状况统计报告》，根据报告数据，截至2023年12月，我国电商直播用户规模达到5.97亿人，占网民整体的54.7%，较2022年12月增长8267万人。

（二）市场需求增长率

2023年中国直播电商市场规模达4.9万亿元，同比增长35.2%，预计2024—2026年中国直播电商市场规模的复合年均增长率（CAGR）为18.0%，行业未来将呈现平稳增长趋势并步入精细化发展阶段（图1-2）。直播已经成为电商市场常态化的营销方式与销售渠道，预计未来电商下单用户数、下单频次以及客单价均会继续提升,其中下单用户增幅较大,下单频次增幅较小,两者预计会较快趋于饱和;客单价增幅较小,但预计将会长期持续增长。直播电商在社会消费品和网购市场也有较快的渗透(图1-3),其中,2020年直播电商在社会消费品零售市场的渗透率为3.2%,在网络购物零售市场的渗透率为10.6%。

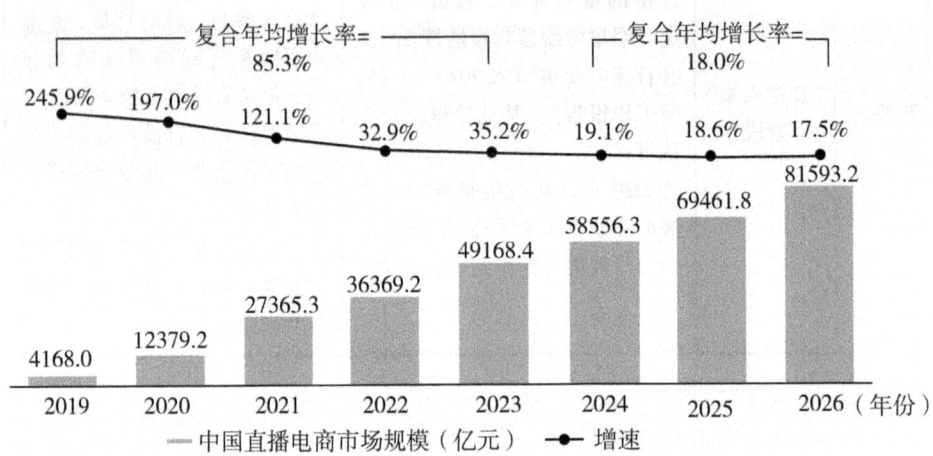

图1-2　2019—2026年中国电商市场规模及增速

资料来源:根据艾瑞资讯研究院数据整理。

图1-3　2018—2023年中国直播电商市场渗透率

资料来源:根据艾瑞资讯研究院数据整理。

三、市场结构分析

直播电商市场结构一般可以分为上游、中游、下游三个环节。上游,直播产品供应环节,一般指商品或产品的供应商,直播可以是他们唯一或众多的销售渠道之一。中游,直播内容生产环节。中游是直播的执行主体,他们是核心服务的提供者,大致可以分为内容生产方和平台方。同时还包括辅助支撑环节,提供转向的技术支持,按照服务对象分为四大类,电商代运营、技术支持、数据服务以及其他辅助服务。下游,直播内容变现环节。是电商直播变现环节:观看直播的消费者,通过购物等形式支付费用,是电商直播收益的主要提供者。

(一) 市场集中度

通过分析直播电商行业的市场集中度,可以了解直播电商行业的规模结构以及直播电商行业的竞争情况。本章通过行业集中度和赫芬达尔-赫希曼指数来反映直播电商行业的市场集中度。其公式为:

$$CR_n = \frac{\sum_{i=1}^{n} x_i}{\sum_{i=1}^{N} x_i}$$

$$HHI = \sum_{i=1}^{n} \left(\frac{x_i}{x}\right)^2$$

n 表示在直播电商行业中的规模最大的前几位企业数,N 表示直播电商行业中企业的总数,i 表示第 i 个企业的生产额或销售额,x_i 表示第 i 家企业的产值、产量、销售额、销售量、职工人数、资产总额等。CR_n 则表示直播电商行业中规模最大的前 n 家企业的行业集中度。HHI 越大,说明市场集中度越高。

根据表1-3直播电商行业的行业集中度指数可以看出,2017年我国的直播电商行业处于高度集中的状态,一家企业几乎占据了整个直播电商行业市场。但是2018—2019年,市场集中度略有下降,直播电商行业的大部分市场由几家大型的企业占领。从行业集中度指数可以看出,直播电商行业属于极高寡占型市场。从 HHI 指数来看,虽然在2017—2019年的发展过程中,HHI 指数有下降的趋势,但是其数值都大于4000,而当 $HHI \geq 3000$ 时,该市场就属于高寡占型。从上述两个指标可以看出,我国的直播电商行业处于高度市场集中的状态,即主要由几家头部的直播电商平台占据了整个市场。同时这几家直播电商平台在行业内部竞争激烈，各大直播电商平台都希望占据更多的市场份额。

表1-3 直播电商行业市场集中度

集中度指标	2017年	2018年	2019年
CR_1	95.96%	66.56%	55.41%
CR_2	—	86.53%	88.65%
CR_3	—	93.20%	97.52%
HHI	9157	4888	4253

（二）进入与退出壁垒

1. 进入壁垒

进入壁垒是和潜在的市场进入者相比，在市场中已有企业所拥有的优势。市场中已有的企业可以通过把最小平均成本作为底线来提升产品的价格，从而阻碍新的企业进入该市场。当前，我国直播电商行业的进入壁垒包括必要的资本量、规模效应以及网络效应。

（1）必要的资本量。新的企业要想进入直播电商行业需要投入大量的资金购买服务器，购置相应的软件，聘用一批技术人员来搭建专属的直播电商平台，同时还需要对直播电商平台进行日常维护，保证直播电商平台的正常运作。除此之外，为了吸引消费者到直播电商平台进行选购，企业还要花费一笔不小的资金对整个直播电商平台进行运营，实现直播电商平台的推广与营销。因此，企业要想进入直播电商行业需要筹集大量的资金，并且随着直播电商行业的发展，其设备更新迭代频繁，企业需要的资金量将越来越多。启动资金成为新企业进入直播电商行业的一道门槛。

（2）规模效应。由于早期进入直播电商行业的企业在经营前期缺少竞争者，在经营中获取了不少收益，弥补了先前进入直播电商行业时购置服务器、搭建直播电商平台的固定成本。企业在收回了原先投入的固定成本之后，在以后的经营中只需收回可变成本便可实现盈利。而且早期的直播电商企业由于掌握了大量的客源，其商品的销售规模较大，可进一步压低商品的单位成本。新进入直播电商行业的企业在经营过程中不仅需要考虑初始投资成本，并且由于处在发展初期，其客流量较少、销售规模较小，在成本控制上相较于先前进入直播电商行业的企业，往往处于劣势。较高的成本以及较长的回本时期阻碍了新企业在直播电商行业中的生存。

（3）网络效应。消费者在通过直播电商平台进行商品选购时通常更偏向于选择网络规模更大的平台，倾向于选择通过头部主播购买产品。因为大型的直播电商平台售后机制比较健全，商品质量相对而言更有保证。而头部主播在选品上则更具有话语权，优质的商品资源较多，能帮助消费者节约选购商品的成本。同时，消费者更愿意在用户较多的直播电商平台进行商品的选购，因为其他用户意见可为消费者的商品选购提供参考。直播电商平台的用户数量越多，越能吸引新用户使用，这就体现了网络的外部性。当直播电商平台的用户数量达到一定的"临界点"时，其用户数量就会获得爆发式增长。新进入的企业面对悬殊的客流差距，只能被迫放弃进入直播电商行业。而早期进入直播电商行业的企业，由于网络效应的加持走向了"赢者通吃"的局面。

2. 退出壁垒

退出壁垒是一个企业在退出某个行业时所遇到的阻碍。我国直播电商行业的退出壁垒相对而言没有进入壁垒高。主要的退出壁垒是资产专用性和沉没成本以及解雇费用。

（1）资产专用性和沉没成本。直播电商行业的服务器等资产专用性并不是很高，企业在退出直播电商行业后，服务器等资源可以转型提供网页浏览服务。而企业为了吸引消费者对直播电商平台进行的运营以及对直播电商平台的推广和营销将成为沉没成本。

（2）解雇费用。直播电商行业中的人才在企业退出直播电商行业时，可以从事其他方面的工作，比如电商运营或电商客服等。而且直播电商行业非常看重流量以及客源，所以一旦一个企业决定退出直播电商行业，其他公司就会拉拢其平台优秀的主播及其团队，而这些人也会自愿离开该企业，所以直播电商行业中的企业在退出时，并不需要支付高额的解雇费用，就能够很好地处理解雇费用的问题。

四、市场行为分析

（一）定价行为

传统电商的定价策略主要有两种。一是通过设立电商节或在特定节假日推出促销活动，吸引流量；二是建立会员制度，对不同的客户采取不同的折扣方式，运用会员积分制巩固、固定客户基础。而直播电商延续了传统电商模式的优势，通常会以"更优价"造势。很多头部主播的营销噱头是"全网最低价"，直播宣传的让利优惠可以激发消费者的冲动型购物行为。同时，对于很多商家来说，组合优惠是在部分让利情况下获得利润最大化的最佳选择。在组合套餐式优惠情况下，降低滞销产品定价，提高畅销产品定价，形成"迷惑性"优惠，提升了库存商品的销量，同时增加了产品的推广效应。

（二）广告行为

直播电商行业的广告策略具有网络外部性。通过微博、抖音等平台，以图表、短视频等形式进行网上宣传，可以增加头部主播的曝光率，吸引消费者进入直播间进行选购。主播针对产品进行语言包装和现场展示，用视听感受带动用户的购买欲，实质上也是一种广告行为。主播的文案中通常会有许多赞美之词，通过这类言语上的精神激励可以提高顾客体验价值，使顾客了解产品的功效，甚至提高消费者心中对所售产品的价值排名，从而更加有购买商品的意愿。直播电商的发展驱动因素是品牌方，在非价格行为的竞争上，广告行为是很重要的手段，但数据显示，商家投入在广告上的宣传费用增长减缓，品牌方则更加追求投入的性价比。

（三）并购行为

企业在市场经济中有时会实施资产重组和优化资源配置，例如兼并和收购，两者都以企业产权为对象。其中，并购是指企业在市场机制作用下，以等价、自愿、有偿、平等为基础，为了得到其他企业的法人产权而进行的一种资本运作经营的形式。

并购也包含了规模经济效应。横向并购的不断增多，使行业中的小型平台被吞并，而"头部"电商直播平台的规模不断扩大，在一定程度上有效降低了成本，获得了规模效益。同样，并购重组是电商直播产业资源整合、竞争优势的双向选择，使竞争力强的平台获得外部竞争优势，而处于劣势的小型平台被淘汰出局。因此，并购也促使电商直播行业的优质企业不断增加。

（四）官方媒体合作行为

2020年受到新冠疫情的影响，许多地区的当地特色产品、农产品等滞销。在线下销售受阻的情况下，官方媒体与直播电商平台达成合作，展开了地区专属直播或者公益直播的活动，对经济受影响地区的特色产品、农产品等进行销售，促进了经济的复苏和发展。例如由央视某著名主持人和某主播所组成的组合就在湖北美食的公益直播中大放异彩。当天的直播吸引了超过1000万人观看，销售额则高达3000多万元。仅湖北热干面这款产品的销量就达到16万盒，创下了超过300万元的销售额。官方媒体的主持人与直播电商平台通过合作，可以发挥各自的优势，增强消费者对于产品的信任度，同时保证了可观的客流量。通过合作可以提升企业和主播的形象，增加直播电商平台头部主播的曝光率。同时，电商的直播活动可以全方位地展示地区特色产品，从而增加产品的销售量。

五、市场绩效分析

市场绩效是指在一定的市场结构中，由一定的市场行为所形成的价格、产量、成本、利润、产品质量和品种以及技术进步等方面的最终经济成果。市场绩效可以体现特定市场结构和市场行为条件下的资源配置效率和市场的运行效率。

（一）技术进步速度

技术进步是产业中技术不断发展完善、推陈出新的过程，其从动态的角度体现出经济效率、衡量经济绩效。电商直播平台是与互联网和电子产业紧密联系的产业，电商直播平台行业的技术更新迭代至关重要。为了给用户带来更好的操作和消费体验，平台各方面技术都需要不断更新升级，这样才能使电商直播行业走在市场的前列。技术进步反映行业的革新，技术进步的速度可以反映行业整体的经济效益，因此技术进步可以作为衡量行业市场绩效的重要指标。

当前，直播电商行业技术更新和进步的速度极快，从最开始的手机直播到现在有专门的直播设备就可以直观地看出来。当前的直播电商有更加清晰的4K推流，通过焦距的拉近，用户甚至可以通过手机看到主播脸上细微的毛孔。

同时，直播有着更加成熟的交互体验，直播商品的生产链路全程可追溯，消费者可以通过直播间产品的链接观看到产品库房，甚至是生产线的实时场景。虚拟现实技术与直播电商的融合也是行业的发展趋势之一，通过VR直播能使消费者仿佛身临其境，获得更加深入的沉浸式体验。相信在未来，5G技术的不断普及和发展将会为直播电商行业带来更大的发展空间，提升消费者整体的购物体验。

（二）规模经济实现程度

直播电商行业在2018年迎来了快速发展期，交易规模达1330亿元，同比增长600%。其后电商行业得到迅速发展，虽然增长率开始下降，但就其基数而言，直播电商在拉动经济增长方面的影响不容小觑。2023年直播电商交易规模达到49168亿元，同比增长40.48%。2017—2022年，国内直播电商市场交易规模分别为：196.4亿元、1354.1亿元、4437.5亿元、12850亿元、23615.1亿元、35000亿元。此外，2023年直播电商行业企业规模达2.4万家，同比增长28.34%。2018—2021年直播电商的企业规模分别为3545家、5684家、7502家、1.59万家，2021年企业规模增速最快，为111.94%，五年来呈现波动增长。[①]可见直播电商行业的发展潜力巨大，其市场繁荣并不是偶然致使，而是内生因素的驱动。

（三）用户满意度

直播电商给电商市场创造新可能的同时，也带来了新的消费隐患。尽管大多数用户对于直播购物基本满意，但据统计，仍有超过16%的消费者对于直播购物并不满意，其中最大的问题源于产品质量、主播虚假宣传和产品售后服务缺乏。直播电商行业诚信的缺失使很多消费者处于观望状态，阻碍了该行业的进一步发展。调查数据显示，受访者对于直播电商行业现状的整体满意度为79.2分，对于购物体验的整体满意度为81.9分，消费者认可度和满意度总体较好，但仍有较大的提升空间。对在直播电商购物体验的整体满意度是81.9分。从消费者对各个平台的满意度评价来看，淘宝直播、天猫直播、京东直播等传统类直播电商购物满意度排名相对靠前，均在80分以上；抖音直播、蘑菇街和快手直播购物满意度排名相对居中；斗鱼、虎牙和拼多多直播满意度得

---

① 《2023年度中国直播电商市场数据报告》，观风闻，2024-06-19，https://user.guancha.cn/main/content?id=1252959。

分和排名相对靠后。[1]

按照直播购物流程中的不同环节,可以将之划分为宣传、直播、商品、支付方式、物流、售后等关键节点。针对不同节点调查了解消费者的满意度情况可以发现,消费者满意程度最高的是支付环节,为 79.1 分;满意程度最低的是宣传环节,为 64.7 分。总体而言,消费者对直播购物各个环节的满意度都未达到 80 分,对于虚假宣传和商品来源的担心情况相对突出,如表 1-4 所示。

表 1-4 直播电商购物全流程满意度调查

直播购物全流程		满意度指标	总体
1	宣传	虚假宣传方面满意度	64.7
2	主播	对主播的信任度	75.3
3	商品	商品满意程度	77.8
		商品来源担心程度	67.7
		货不对板担心程度	73.6
		假冒伪劣方面担心程度	72.7
4	支付方式	下单支付方式满意度	79.1
5	物流	物流时效性满意度	77.2
6	售后	售后退换货满意度	72.0
		评论留言反馈满意度	75.6
		投诉处理结果满意度	72.1

数据来源:https://www.199it.com/archives/1030072.html。

六、产业未来发展趋势

(一) 行业规范化

直播电商目前还属于新兴行业,在发展过程中仍存在许多问题有待解决。

---

[1] 《中消协:直播电商购物消费者满意度在线调查报告》,中文互联网数据资讯网,2020-04-03,https://www.199it.com/archives/1030072.html。

除了行业自身要求以及社会舆论的监督之外，未来政府将出台更多规范性的政策措施来整治和监管直播电商行业中的问题，保证直播电商行业的正规发展。在从业人员方面，会更加重视其专业能力，在未来，直播电商行业从业人员持证上岗将得到普及，以专业规范的人才确保在直播销售时所出现的产品、内容等符合市场要求，满足消费者所需。

（二）内容多元化

未来直播电商行业销售产品的场所将不再局限于直播间，主播可在繁华的商场、热闹的街市或是僻静的农田等进行直播，以配合所销售的产品。在 VR 直播技术的加持下，消费者能够"身临其境"般沉浸式地感受产品的魅力。通过 AR 技术的运用，还能让虚拟偶像进入直播间，吸引更多年轻的消费群体。比如，某主播曾在直播间与虚拟偶像洛天依一起销售产品，赚足了年轻人的眼球。此外，直播电商还将出现在综艺中，创造新一波的内容话题。例如，某主播在帮助当地农民销售滞销农产品时，登上了微博热搜，成为人们热议的话题。

（三）营销精细化

当前，粗放式的直播电商运营模式难以获得消费者的青睐，直播电商行业的营销需要更加精细化，在垂直商品的品类上做好、做精，打造自身在商品品类上的名片，才能获得消费者的倾心。未来商家将会培养品牌主播进行产品销售。品牌主播在了解所销售产品的同时，可为消费者带来更详细的讲解，由此能大幅减少商家当前的销售成本，从而让利于消费者。同时，各大电商主播开始显示个人特质。比如，淘宝某头部主播在口红的销售上就捕获了众多消费者的心。因此，其在化妆品和快销品的销售上可以吸引大量的消费人群。随着直播销售商品种类的增多，未来将出现更多专属类目的主播以满足消费者直播购物的需求。

七、产业发展困境

直播电商作为利益的分割场，吸引了各路资本涌入，商家的竞争使泡沫性问题逐渐突出，这不得不引起我们的关注。

（一）"价格战"的隐患

目前，商家竞争的基础逻辑是价格战。同类型的消费品，于消费者而言，最直观的选择方式便是对比价格。众多头部主播在直播间所打出的商品亮点也是全网最低价。但伴随未来流量成本的增加，主播坑位费与流量成本若超过利益的临界点，商家便无利可图，价格战导致的恶性竞争让很多企业难以承受。此外，尽管直播电商在吸引认知型消费者方面表现出色，但它在吸引兴趣型消费者并将其转化为实际购买者方面的效果仍显不足。因此，对商家来说，盲目追随直播电商数据并不是理性之举，应考虑直播电商对品牌带来的负面影响。

（二）产品性问题

受算法影响，产品推送内容会趋于同质化，这将消耗观众的耐心，不利于直播生态持续。同时，很多经纪公司安排的"网红"① 与商家进行合作时，由于"网红"对产品质量了解甚少，售后问题频出。2020年10月19日，市场监管总局数据显示，前三季度共接收直播相关投诉举报2.19万件，同比增长479.60%，涉及企业多为头部电商平台和短视频平台。② 网络购物中以产品发货、品控、收货为主的问题成为制约直播电商发展的主要因素。

（三）主播的专业性有待加强

很多主播的带货专业性不足，即使是被封为"淘宝直播一哥"的主播也出现过"翻车"事件，面对庞大的市场需求，主播对产品认知的缺乏将影响市场的良性循环发展。在对商品的专业性能缺乏了解的情况下，主播的流量式推广并不是一种尊重消费者的行为，因此，主播的专业性还有待提高。此外，除了少数自带流量的头部主播，大多数主播间存在竞争引流现象，一些主播以另类的形象、浮夸的作风达到引流目的。部分主播低劣的个人素质不仅会败坏直播风气，还会在不经意间影响低龄观众，其造成的行业乱象和负面影响不容小觑。根据调查，梳理征集了消费者对直播电商行业现状的"吐槽"情况，最为突出的关键词是"夸大其词"；"假货太多""鱼龙混杂""货不对板"，

---

① 网红是"网络红人"（celebrity），是指在现实或者网络生活中因为某个事件或者某个行为而被网民关注从而走红的人或长期持续输出专业知识而走红的人。
② 《前三季度直播相关投诉举报 2.19 万件 带货占比近 6 成》，人民网，2020 – 11 – 04，http://finance.people.com.cn/n1/2020/1104/c1004_31917797.html。

是消费者对商品质量方面的集中反馈。结合调查相关数据，上述关键词也是消费者对直播电商购物过程中相对集中的关注点和情绪反馈。[①]

（四）品牌塑造力

直播电商模式下头部主播的带货能力值得肯定，但与头部主播合作仅仅是品牌的一种营销方式。长期沉浸在"促销"中，品牌获得的销量毋庸置疑，但可能会给商家的品牌塑造能力埋下了隐患。在激烈的市场竞争模式下，一种产品的可替代品繁多，而对于商家而言，明确品牌定位、打造品牌形象的目的很难通过与网红主播合作得到实现。

（五）用户黏性

在经历了电商节所提供的大量折扣促销之后，用户的购买力会因大幅的透支而下降。互联网电商平台所暗示的新消费主义在经历了大型电商节的狂欢之后，迎来的是一段较长的冷静期。电商行业将因此面对季节性起伏，用户的逐步流失将削减平台的用户黏性。

八、产业政策建议

（一）以消费者需求为前提，协同整合行业产业链

产品设计、货品规划、直播运营均以"消费者需求"为前提，应加快直播行业协同整合进度，提供多元化服务模式。深层次整合直播行业以及产业链上下游的资源，制定统一的标准，协调产业各角色之间的分工、衔接，从而规范直播行业并提高整体效率和品质。产业链的整合包括商家与主播、商家与用户端建立互动机制，完善供货方案；商家与平台的合作由单次需求向长期合作战略发展；主播或内容机构向上游整合，商家创建自有品牌，走品牌化、定制化路线，打造差异化产品，推出"限量款""定制款"产品等，提升货品附加价值。另外，电商直播可以借助新科学技术、配套设施信息化辅助，积极探索高清直播、VR/AR 直播、全息投影等技术应用在 5G 下直播电商发展模式。电商直播行业服务平台方，不再是单向控制和输出，而是要借助技术手段搭建

[①] 《中消协：直播电商购物消费者满意度在线调查报告》，中文互联网数据资讯网，2020－04－03，https://www.199it.com/archives/1030072.html。

基础在线平台，通过规则引导企业产出优质的内容和服务，激活企业间的交流和合作，挖掘更多产业链上的需求，从而有针对性地进行配套服务并引导资源有效配置。

（二）加强行业监管，营造健康消费环境

加强直播行业监管，建立产品交易的管控机制，营造健康的消费环境。任何交易都要有相应的维权机制与反馈机制，对于直播过程中的维权，直播平台起着最关键的作用。首先，所有商家都应实名注册，以便在产生纠纷时能追踪到具体责任人；其次是通过技术手段杜绝虚假刷人气的情况；最后是在出现退货退款纠纷时，需要有相应直播平台介入。投诉率高的主播，还会受到相应的惩罚。2018年8月31日，我国电商领域首部综合性法律《电子商务法（草案）》通过。该草案将自然人即个人网店纳入电子商务经营者范畴，为日后规范个人电子商务经营者依法纳税奠定基础。随着我国行业法律法规的进一步落实和完善，国家对互联网经济的管理逐步规范，新形式的销售方式的监管将逐步细化。

（三）加大扶持中小主播，搭建综合型和垂直专业直播电商的培育基地

通过加大对中小主播的流量扶持，提高中小主播的参与积极性与次数。同时，品牌商家可以通过持续与不同的主播合作，通过不同影响力的主播将商品信息扩散到不同的受众中。根据各地特色资源与产品，搭建专业的直播电商培育孵化基地，形成一整套直播电商生态链。具体措施：其一，成立专业主播培训机构，培养一批职业主播；其二，加强直播团队协作，培养一批化妆、摄影、灯光、IT、商务等专业人员，形成团队支撑；其三，提高供应链管理，搭建商务产品渠道，集中各地特色产品，为主播提供源源不断的优质产品及稳定的供应链服务；其四，发挥培养基地应有作用，在有维权纠纷时，由培育基地协调解决，对相关现象进行约束。电商与内容的结合是长期趋势，直播电商购物场景将持续提升平台、用户、商家等各方利益。电商直播将为各方持续创造价值，但未来会更倾向于线上线下融合的模式。新零售将是最终目标和方向，借助新技术、信息化手段等，融合并提升用户需求、设计、供应链、体验感受等，整合上下游产业链，走品牌化、定制化路线。

思考题

新的直播电商现在入场,是否难以"出圈"呢?又该如何"出圈"呢?

参考文献

[1] 柴秀青. 社交网红电商的驱动因素、生态布局与发展趋势 [J]. 商业经济研究, 2024 (5): 76 - 79.

[2] 范枥丹, 喻鹏霖. 中国直播电商产业发展现状及 SCP 分析 [J]. 投资与创业, 2021, 32 (6): 48 - 49, 67.

[3] 高凯. 数字经济时代生鲜电商企业商业模式创新研究 [J]. 商业经济研究, 2024 (11): 157 - 163.

[4] 郭全中. 中国直播电商的发展动因、现状与趋势 [J]. 新闻与写作, 2020 (8): 84 - 91.

[5] 胡水英. 网络直播营销中的食品安全监管问题与治理 [J]. 食品与机械, 2023, 39 (12): 65 - 69.

[6] 刘科, 黄博琛. 电商直播带货行为主体的法律责任及规制逻辑 [J]. 江汉论坛, 2023 (10): 139 - 144.

[7] 马骥腾, 张蕾. 论直播电商的困境与突围: 以网红主播李佳琦直播为例 [J]. 新闻爱好者, 2024 (1): 73 - 76.

[8] 毛宠宠, 何文. 直播电商行业发展现状及问题分析: 基于 SCP 范式 [J]. 新媒体研究, 2021, 7 (1): 60 - 62.

[9] 蒙菊花, 李良, 李辉. 农产品电商直播营销发展现状、现实困境与优化策略 [J]. 商业经济研究, 2024 (11): 126 - 129.

[10] 邱科达, 宋姗姗, 张李义. 我国直播电商政策量化分析与优化建议 [J]. 当代经济管理, 2024, 46 (4): 24 - 36.

[11] 史小今, 李川, 刘希兰, 等. 网络直播电商对实体经济的影响研究 [J]. 价格理论与实践, 2024 (9): 1 - 7.

[12] 王宝义. 直播电商的本质、逻辑与趋势展望 [J]. 中国流通经济, 2021, 35 (4): 48 - 57.

[13] 王利伟. 电商直播行业发展研究浅析 [J]. 中国市场, 2021 (25): 184 - 186.

[14] 王塑峰, 樊云杉, 张一亨, 等. 我国网络直播行业发展现状及政策建议: 基于 SCP 范式分析法 [J]. 经济视角, 2018 (5): 30 - 39.

[15] 夏文. 我国直播电商行业的市场现状和趋势 [J]. 中国经贸导刊（中），2021（5）：51-53.

[16] 赵婧宏. 新媒体电商的发展现状及趋势探讨 [J]. 商业经济研究，2021（12）：75-78.

[17] 钟涛. 直播电商的发展要素、动力及成长持续性分析 [J]. 商业经济研究，2020（18）：85-88.

[18] 朱爽. "5G 网络+直播"下零售电商的瓶颈突破与发展路径 [J]. 商业经济研究，2021（4）：98-101.

第二章 医美产业

一、产业概况

美容主要分为生活美容和医疗美容。生活美容是指运用化妆品、保健品和非医疗器械等非医疗性手段，对人体所进行的皮肤护理、按摩等带有保养或者保健性质的非侵入性的美容护理。医疗美容是指"运用手术、药物、医疗器械以及其他具有创伤性或者侵入性的医学技术方法对人的容貌和人体各部位形态进行的修复与再塑"①。

医疗美容按医疗科室归属可划分为美容外科、美容牙科、美容皮肤科、美容中医科，其中美容皮肤科需求最大，发展最为迅猛；按介入手段划分，可分为手术类和非手术类。手术类是指从根本上改变或改善眼、鼻、胸等面部及身体其他部位的外观；非手术类（又称为轻医美），主要包括注射项目、皮肤项目及其他项目等。非手术类项目因其创伤小、恢复快、风险低而广受关注与推崇。

二、产业属性

（一）市场需求弹性

医美市场需求弹性亦可称为市场的需求价格弹性，它表示在一定时期内医美产品的需求量变动对于该产品的价格变动的反应程度。医美产品属于服务类消费品，但其市场需求庞大，能为消费者带来更强的满足感，故市场需求价格弹性小。这也意味着消费者的需求量对于医美产品的价格变动的反应程度较低。医美市场在"颜值经济"时代的到来与消费结构升级的双重驱动下将获

---

① 《医疗美容服务管理办法》，中华人民共和国国家卫生健康委员会，2022-01-07，http://www.nhc.gov.cn/cms-search/xxgk/getManuscriptXxgk.htm?id=336ee6bbf9cb4a7c967e58350c4bea87。

得更大的发展空间。随着多项医美新技术的推进,医美市场也将在供给侧层面增加更多内生动力,未来的医美产业能够以供给侧改革带动需求侧发展的路径进一步规范化地可持续发展,医美市场需求弹性也将保持在较低的水平。

(二) 市场需求增长率

我国的医美产业近 5 年来的复合年均增长率高达 28.7%,市场规模呈现稳定增长的态势。随着监管政策的层层落实,医美产业内部已开始重新整合,多家医美机构被取缔,这为医美产业的高质量发展提供了更有利的制度保障。而目前的医美机构多集聚于一线城市,市场渗透率不高。在中国的城市化进程加快与经济发展潜力提升的背景,未来医美产业的市场规模有希望能够进一步扩大以满足市场需求。

(三) 产品的短期成本结构

传统医美机构的短期成本结构包括以下方面:运营管理成本、获客营销成本、药品器械成本、人力成本、咨询服务成本等,其中运营管理成本与客源营销成本的前期占比较大。在竞争压力逐步增长的医美市场中,医美机构的短期成本也将逐渐增加,投产平衡的时间点也随具体的市场形势与经营状况而改变。

三、市场结构分析

产业市场结构是指企业市场关系的特征和形式。产业结构的基本类型有完全竞争、完全垄断、寡头垄断、垄断竞争四种形式,我国的医美行业处于寡头垄断市场。

(一) 市场集中度

市场集中度是用于表示在特定产业或市场中,卖者或者买者具有怎样的相对的规模结构的指标。其衡量指标主要有以下两种。

1. 行业集中度

行业集中度是最常用、最简单易行的绝对集中度的衡量指标。它是指行业内规模最大的前几位企业的有关数值 X(可以是产量、产值、销售额、销售量、职工人数、资产总额等）占整个市场或行业的份额。计算公式是：$CR_n = \frac{\sum_{i=1}^{n} x_i}{\sum_{i=1}^{N} x_i}$（$n=4$ 或 8，$N=$ 产业的企业总数，$n=$ 产业内的企业数，$CR_n=$ 产业中规模最大的前 n 位企业的行业集中度，x_i 表示第 i 家企业的产值、产量、销售额、销售量、职工人数、资产总额等）。

贝恩根据产业的前四位和前八位企业的行业集中度指标，对不同垄断、竞争结合程度的产业市场结构进行分类。（表 2-1）

表 2-1 贝恩的市场结构分类

市场结构	CR_4（%）	CR_8（%）	集中程度
极高寡占型（Ⅰ型）	>85	—	非常高
高度集中寡占型（Ⅱ型）	75～85	>85	高
中上集中寡占型（Ⅲ型）	50～75	75～85	比较高
中下集中寡占型（Ⅳ型）	35～50	45～75	比较高
低集中寡占型（Ⅴ型）	30～35	40～45	低
竞争型	<30	<40	非常低

如表 2-2 所示，我国医美行业 2020 年主要医美公司规模中，$CR_4 =$（33683 + 13615 + 4287 + 2876）/68746 = 79.22%，$CR_8 =$（33683 + 13615 + 4287 + 2876 + 2636 + 2633 + 2464 + 1987）/68746 = 93.35%。根据表 2-1，医美行业属于寡占Ⅱ型。

表 2-2 2020 年我国主要医美公司规模

公司	营业收入（百万元）	市场份额
华东医药	33683	49.00%
鲁商发展	13615	19.80%
苏宁环球	4287	6.24%
朗姿股份	2876	4.18%
贝泰妮	2636	3.83%
华熙生物	2633	3.83%

续表

公司	营业收入（百万元）	市场份额
四环医药	2464	3.58%
奥园美谷	1987	2.89%
昊海生物	1332	1.94%
新氧	1295	1.88%
医美国际	902	1.31%
爱美客	709	1.03%
瑞丽医美	165	0.24%
复锐医疗科技	162	0.24%
合计	68746	

2. 赫芬达尔-赫希曼指数（HHI 指数）

赫芬达尔-赫希曼指数是用某特定市场上所有企业的市场份额的平方和表示，其公式为：

$$HHI = \sum_{i=1}^{n} \left(\frac{x_i}{x}\right)^2$$

x 表示市场的总规模，x_i 表示 i 企业的市场规模，n 表示该企业内的企业数。该指数主要是计算某一市场上 50 家最大企业（如果少于 50 家企业就是所有企业）每家企业市场占有份额的平方之和。

HHI 越大，表明市场集中度越高，垄断程度越高。当市场处于完全垄断时，$HHI = 1$；当市场上有许多企业，且规模都相同时，$HHI = \frac{1}{n}$，n 趋向无穷大，HHI 就趋向 0。

根据表 2-2 以及表 2-3 可知，$HHI = 0.49^2 + 0.198^2 + 0.0624^2 + 0.0418^2 = 0.28$，$0.28 \times 10000 = 2800$，$3000 > 2800 \geqslant 1800$，因此医美行业属于高寡占 II 型。

表2-3 赫芬达尔-赫希曼指数

市场结构	寡占型				竞争型	
	高寡占Ⅰ型	高寡占Ⅱ型	低寡占Ⅰ型	低寡占Ⅱ型	竞争Ⅰ型	竞争Ⅱ型
HHI值	HHI≥3000	3000＞HHI≥1800	1800＞HHI≥1400	1400＞HHI≥1000	1000＞HHI≥500	HHI＞500

（二）产品差别化

产品差别化是影响产业市场结构的重要因素。产品差别是同类产品不完全替代的根本原因。扩大产品的差别，就是使同一产业内的不同企业的产品减少可替代性。这意味着该产业垄断因素的增长，因而产品差别化也成为企业在市场中占据有利地位的一种重要手段。

近年来，国内医美市场增长迅猛，吸引了越来越多的企业入局，同质化竞争也随之成为全行业难以回避的现实问题。

新氧数据研究院与每经智库·未来商业研究中心共同出品的《2020医美行业白皮书》就指出，在市场竞争加剧的格局之下，成熟医美市场中同质化竞争的问题日趋严重。以上海为例，2019年就有73%的订单来自皮肤美容和注射美容，缺乏特色和爆品服务。

（三）进入壁垒

进入壁垒是和潜在的进入者相比，市场中现有企业所享有的优势。这些优势是通过现有企业可以持久维持高于竞争水平的价格而没有导致新企业进入反映出来的。医美行业上游及中游"护城河"坚固，下游格局分散，获客渠道多元。以透明质酸注射针剂为例：

（1）原料供应商。以技术、资质为核心，壁垒及利润高。其中，主要产品玻尿酸注射针剂的原料玻尿酸按工艺要求和应用范围分为化妆品级、食品级和医药级，监管严格度逐级递增。医药级透明质酸原料毛利可高达90%以上，净利率可高达30%以上。

（2）药械生产商。技术、资质、品牌形成强壁垒，利润率高。以行业头部的爱美克、华熙生物、昊海生科为代表的器械生产商毛利率可达85%～93%，净利率可达30%～40%。

（3）医美服务机构。门槛低，竞争格局相对分散，议价能力及利润率低。

医美服务机构格局较为分散，2019年合规机构数量达1.3万家，但连锁化率有限，盈利水平受限。

（4）获客渠道。垂直类线上平台具备较强获客效应，营销费用挤占利润空间。以垂直类医美互联网平台龙头新氧为例，2018—2020年其毛利率保持在80%以上，而费用端销售、管理、研发费用率分别在40%、10%、15%以上。随着美团、京东、阿里巴巴等互联网巨头布局医美赛道，线上获客成本攀升，叠加新冠疫情对下游医美机构的冲击，新氧2020年营利能力有所下滑，Non-GAAP（非公认会计准则）净利润率下降至10%以下。

四、市场行为分析

市场行为是指企业在市场上为了赢得更多的利润和更高的市场占有率，根据内外部环境及其变化所采取的战略性行动。企业的市场行为（简称"企业行为"）受到市场结构的状态和特征的制约，反过来，市场行为也作用于市场结构，影响和改变市场结构的状态和特征。企业行为可分为市场竞争行为和市场协调行为。其中，市场竞争行为又可以分为四种具体的行为：定价行为、广告行为、技术进步行为和并购行为。

（一）定价行为

1. 掠夺性定价

掠夺性定价是企业为了把竞争对手挤出市场或吓退试图进入市场的潜在对手，而采取降低价格（甚至低于成本）的策略。2020年一场突如其来的疫情，使医美机构和分期平台处境艰难；加上4倍LPR（贷款市场报价利率）的调整，市场上的提供分期服务的企业纷纷下调利率。2020年中，美团进入医美分期。相关资料显示，美团生活费·分期（医美场景）可提供最高额度为10万元的产品。2020年底，新氧旗下医美分期产品氧分呗正式上线。公开资料显示，平台可提供额度在2000～50000元，期数在6、9、12、18、24之间，月息0.8%～1%的产品。这一利率水平，堪称市场最低。北京某机构推出"99元玻尿酸注射"，消费者到店后被推销高价填充套餐，实际需支付数千元。上海某诊所"1元脱毛体验"，后续强制购买万元护理包，2023年消费者协会报告显示，30%低价医美投诉涉及隐形消费。这种掠夺性定价策略旨在通过低价吸引消费者，抢占市场份额，打击竞争对手，但可能会对市场秩序和企业自身营利能力产生一定影响。

2. 限制性定价

限制性定价又称阻止进入定价,指寡头垄断产业内企业适度降低产品价格以阻止新企业进入并可获得垄断利润的定价行为。2021年6月10日,某集团旗下医美直播卖场芭莎丽人与某直播某头部红人主播合作,在某医美专场直播,获得了GMV(商品交易总额)近3亿元的好成绩,其产品有较大的优惠折扣。2024年广州"伊美尔"分店投诉:标价980元线雕,实际收费2.3万元,涉嫌价格欺诈立案调查。

(二)广告行为

广告行为是企业采取的一种主要的非价格竞争方式。受制于传统的获客方式,获得新客源越发艰难。面对新世代消费人群,更多成熟的医美品牌加大直播行业布局。随着行业逐渐成熟,消费者的选择开始增多,医美机构竞争不再是渠道端和流量端的博弈,而是关于消费者心智端的竞争。

医美品牌和产品除重点布局淘宝直播外,还通过其他平台如抖音、快手、哔哩哔哩(简称B站)等进行医美知识科普来解除医美消费者的疑虑,并且提高品牌和商品的声誉。"颜值经济"通过短视频平台达到多级传播的效果,催生大规模医美需求。

(三)技术进步行为

技术进步是技术不断发展、完善和新技术不断代替旧技术的过程。随着5G时代的到来,VR产业正全面进入高速发展期,"VR+医疗"被业界认为可能是改变医疗行业生态的重要力量,各方也在积极寻求二者之间有机融合的最优路径。如新氧科技已正式发布基于VR技术打造的场景化、全时化、个性化的线上服务产品——VR智能展厅(又称"VR到店"),新氧领衔医美行业进入VR时代,将用户到店场景前置化、机构服务场景线上化,使用户仿佛身临其境了解机构环境及实际配置,提升服务体验。为了更好地满足求美者术前、术中、术后各个关键性阶段和信息需求节点的不同决策需求,新氧陆续推出了魔镜测脸、视频面诊、扫码验真、皮肤检测、医美百科、术后交流等十余个AI小工具,提高医美的亲和力。

（四）并购行为

并购指的是两家或者更多的独立企业、公司合并组成一家企业，通常由一家占优势的公司吸收一家或多家公司。

2020 年，受新冠疫情影响，不少医美机构面临客户数量大幅下滑的局面。鹏爱医美国际控股集团有限公司（简称"鹏爱医美"）抓住机会，持续寻找并购国内医美标的，2020 年进行了多笔并购交易。2020 年 3 月，鹏爱医美与上海铭悦医疗美容门诊部有限公司签订收购协议，公开信息显示鹏爱医美对其持股 80%；2020 年 4 月，鹏爱医美与西安新鹏爱悦己医疗美容门诊部有限公司签订收购协议，公开信息显示鹏爱医美对其持股 70%；2020 年 7 月，鹏爱医美宣布与广州韩妃集团达成战略协议，收购广东韩妃集团 51% 的股权。广东韩妃集团创立于 2009 年，分别在广州、中山、珠海三地共开设了 4 家美容机构。[1]

五、市场绩效分析

近年来，行业高速发展，大量机构涌现，且受网红文化影响，消费者需求爆发。2018 年为行业发展放缓的转折点，大量中小机构面临盈利难等问题，市场呈现供需不匹配状态。数据显示，2023 年我国医疗美容市场规模达到 2666 亿元，增长率放缓至 17.5%，预计 2028 年医美行业市场规模可达 2880 亿元。

美容外科是外科学的一个分支，又称整复外科或成形外科，治疗范围主要是皮肤、肌肉及骨骼等创伤、疾病，先天性或后天性组织或器官的缺陷与畸形。医疗美容服务提供商对提高传统营销渠道以外的在线营销效率的专业意见需求不断增加。

非外科手术类医疗美容是通过非手术的形式，主要包括注射美容、热疗仪器两大方面，对客户认为不满意的地方进行修改，来达到美容整形的效果。其中在注射美容领域中，主要注射药物为玻尿酸和肉毒素。近年来，玻尿酸和肉毒素在医美行业中使用率不断增高，从而带动了整个行业的发展。

---

[1] 《医美行业寒冬期，企业并购整合加快》，新浪财经，2020 - 07 - 17，https://finance.sina.com.cn/roll/2020 - 07 - 17/doc - iivhvpwx5937729.shtml。

六、产业未来发展趋势

（一）消费人群与市场规模逐步扩大

2020年4月，国家卫生健康委办公厅等八部委联合印发《关于进一步加强医疗美容综合监管执法工作的通知》，进一步落实对医美产业的监管工作，引导医美产业高质量发展。随着未来医美产业的监管与运营的规范化，医美产业的认可度将逐步提高，消费人群也将会随之扩大。目前，医美产业市场消费人群主要聚集在一、二线城市，而其他类型城市和县城等区域也存在潜在的消费人群。因此，可以预估，我国医美产业未来的市场规模能够在高质量的供给侧改革与不断增加的市场需求量的双重驱动下进一步扩大。

（二）拓宽互联网新营销渠道

随着数字经济时代的到来，医美产业的营销渠道也发生了较大的变化。与过去的线下地推、广告等单一营销形式相比，以互联网为首的立体化营销渠道成为医美产业营销渠道未来发展的主要方向之一。立体化营销渠道涵括线上自媒体营销、社群运营以及线下实体营销等多渠道的营销模式，全方位展示产品的形象，提升产品的影响力。

（三）连锁化发展

目前，医美产业仍存在医美机构良莠不齐、标准化程度低等问题。但随着监管政策的落实，不少违规机构被依法取缔。行业整合力度加大，规范化运营是医美产业未来的趋势。因此，在未来的市场规模逐步扩大与行业整合速度加快等背景下，优质医美机构的连锁化运营将成为产业发展新趋势。

七、产业发展困境

（一）机构违规经营

根据国家卫生健康委员会的相关数据，2024年中国具备医疗美容资质的机构约18000家，其中医院类占29.1%、门诊部类占32.9%、诊所类占38.0%。我国对不同等级的医疗美容机构所开展的医疗美容项目都做出了严格的规范与限制，然而，在合法的医疗美容机构当中，依然存在15%的机构超范围经营的现象，如诊所没有设置整形外科，却开展了双眼皮手术；门诊部不可做三级、四级手术项目，却开展了抽脂手术、颧骨降低术，这些均属于违规行为。

（二）操作不规范

虽然国家卫生健康委员会未明确要求各级各地医疗机构遵守《临床技术操作规范》（以下简称《规范》），其美容医学分册依然可以成为各级医美机构的临床技术操作参考。《规范》对各美容外科手术的适应证、禁忌证、术前检查、手术操作要点、术后处理、并发症及注意事项做了详细阐述。医疗美容从业人员应根据从业机构的类型及机构常见接诊项目尽量规范自身的操作，以减少进行医美项目时的潜在风险。但实际上，目前部分医美机构仍存在诊疗操作不规范、仪器使用不规范、消毒操作不规范及卫生环境不规范等现象。

（三）合法医师数量少

据艾瑞咨询《2020年中国医疗美容行业洞察白皮书》显示，2019年中国医美行业实际从业医师数量为38343名。由于行业黑产"来钱快、诱惑大"，滋生了大量自称"医生""专家"的非法从业者，仅通过非法培训机构短期速成的"无证行医"，根据中国整形美容协会统计，非法从业者人数在10万以上；合法医美机构当中，存在非合规医师"飞刀医生"的现象。

（四）非法注射屡禁不止

尽管国家严查医美行业的针剂造假和走私问题，但针剂产品的隐秘性强、易携带、流动性高，使得非法注射屡禁不止。根据艾瑞专家调研显示，市面上流通的针剂正品率只有33.3%，也就是1支正品针剂背后伴随着至少2支非法针剂的流通，然而，不管是假货、水货，在中国市场都是非法产品，都无法保障使用安全。

八、产业政策建议

为了解决医美产业存在的以上问题，应打通全行业信息平台，共建多方参与的监管体系。近年来国家对医疗美容行业监管越来越重视，国家每年都发起打击非法医美行动，从源头的针剂产品到黑医美机构都进行了查处，均释放出国家严格监管的决心；同时，有效的监管体系除了自上而下，还应该自下而上联合行业医疗从业者、医美机构、行业协会、在线渠道共同构建健康的行业环境。

（1）政府角度。政府首先应加大对非法产业的监管力度，通过颁布法律行政法规以及部门规章等方式；其次，要监管落地，即建立常规执法机构，加强监管的力度；再次，价格应透明化，即对医美产品建立项目指导价格范围，让机构和消费者有依据；最后，应资源最优化，即鼓励公立医院开放医生资源，让更多的求美人士享受到正规的服务。

（2）协会角度。首先，作为行业协会，应提供完善的专科医生资质培训体系，开设相应的课程、讲座、学术研讨会等；其次，应行业权威化，即定期公示违法机构或者个人，并对其给予严厉的打击；最后，应信息透明化，即构建透明可溯源的查询平台，例如医美垂直平台新氧为了帮助消费者更好地辨别正规医美与黑医美，增加了机构和医生的查询信息功能，正逐步整合各厂商的药品/器械正规产品溯源平台。

（3）机构角度。对于医美机构而言，首先，应做到机构之间竞争良性化，即定价要合理，减少恶意价格战；其次，经营要规范化，即积极抵制假货、水货，在耗材方面坚持"一客一用"，拒绝循环使用；最后，宣传要理性，即在线下和线上的宣传当中，应向消费者如实介绍，不夸大医美产品的作用。

思考题

1. 谈谈你对医美产业的连锁化经营的发展趋势的思考，其发展背景与其他产业的连锁化经营的背景有何差异，并举1～2个例子进行对比。
2. 结合材料，分析医美产业掠夺性定价的影响。

参考文献

[1] 白洁. 新时期医疗美容市场现状分析与趋势展望 [J]. 商讯，2023（9）：156-159.

[2] 代一方. 基于SCP范式的整形平台竞争策略分析：以新氧VS悦美为例 [J]. 消费导刊，2021（17）：56-57.

[3] 哈书菊，刘沫含. 论医疗美容的法律风险及其规范管理 [J]. 齐齐哈尔大学学报（哲学社会科学版），2022（8）：109-112.

[4] 贾玉奎，杨宜勇，张俊伟，等. 促进医疗美容行业健康规范发展 [J]. 国家治理，2024（10）：78-80.

［5］蒋茂刚. 医美服务合同纠纷中消费欺诈的认定［J］. 法制博览，2024（23）：75－77.

［6］刘春霞，张宏莉. 切实加强医疗美容行业安全管理：基于对南京河西美容医院的调研［J］. 国家治理，2024（10）：73－77.

［7］宋锋森. 中国医疗美容行业发展面临的问题与对策：基于供给侧改革视角［J］. 医学美学美容，2020，29（15）：184－187.

［8］搜狐网. 新氧、更美入局，月息低至0.8%，医美分期打响价格战？［EB/OL］.（2021－01－15）［2024－05－05］. https://www.sohu.com/a/444697219_120011209.

［9］苏东水. 产业经济学［M］. 4版. 北京：高等教育出版社，2015.

［10］吴金艳，刘芷函，羊海燕. 法经济学视角下医疗美容行业的规制［J］. 医学与法学，2019，11（6）：31－34.

［11］姚璇. 医疗美容领域消费者权益保护探究［J］. 中国市场监管研究，2023，（12）：59－63.

［12］中国商业网. 32城联动，GMV近3亿！科丽集团携手雪梨打造医美直播范本［EB/OL］.（2021－06－18）［2024－05－05］. http://www.ccwin.cn/article-75730-1.html.

［13］中商情报网. 2021年中国医疗美容行业市场规模及细分领域发展情况预测分析［EB/OL］.（2021－04－16）［2024－05－05］. https://www.askci.com/news/chanye/20210416/1140091422533.shtml.

［14］中文互联网数据资讯网. 艾瑞咨询：2020年中国医疗美容行业洞察白皮书［EB/OL］.（2020－05－20）［2024－05－05］. http://www.199it.com/archives/1052269.html.

［15］中文互联网数据资讯网. 德勤咨询：2020年中国医美市场趋势洞察报告［EB/OL］.（2021－01－17）［2024－05－05］. http://www.199it.com/archives/1191560.html.

［16］中文互联网数据资讯网. 中金公司：从美妆到医美，"颜值经济"新时代［EB/OL］.（2021－06－30）［2024－05－05］. http://www.199it.com/archives/1262787.html.

第三章 在线教育产业

一、产业概况

随着信息技术的快速发展，我国的教育服务渠道发生了巨大变化，在线教育逐渐出现在大众视野。近年来，"互联网+"概念的兴起以及智能终端的普及让在线教育的发展迎来了新机遇。2016年之前，在线教育仍以录播课形式为主，主要应用在高等教育和职业培训等成人教育领域。2017年，直播技术成熟为在线教育带来规模化变现渠道，在线教育迎来加速发展期。2019年政府工作报告明确提出发展"互联网+教育"，促进优质资源共享。当今社会，人们越来越重视自身的发展，终身学习时代已经到来。

在2020年新冠疫情冲击下，在线教育再次站在聚光灯下，人们利用居家时间通过在线教育提升自我，成为人们缓解焦虑、助力个人发展的选择。疫情期间教育领域获融资最多，其中在线教育最受资本青睐。2020年上半年，受疫情影响，我国在线教育行业渗透率显著提升，成为资本关注的焦点，各大互联网巨头加速入局瓜分这块"蛋糕"，行业加速洗牌。从整个在线教育市场环境来看，各细分赛道上均有巨头出现，却没有真正的寡头，加上国家政策扶持，且迎合市场的需求，资本对此行业关注度较高，行业发展前景不可小觑。2020年，在线教育发展提速，多家在线教育公司在一年内完成十几亿美元的融资，以往一家互联网公司IPO[①]也不一定有如此大的融资规模。2020年，整个教育行业共发生238起投融资事件，整体融资金额达到680亿元的惊人数字。[②]

2020年，在线教育由于疫情原因一度被推上风口，也恰恰在这一年校外

[①] IPO（首次公开募股）是指企业通过证券交易所首次公开向投资者增发股票，以筹集用于企业发展的资金。这是私人公司发行新股向公众发行股票的过程。

[②]《680亿元融资，2020全球教育投资约80%流向中国，在线教育受资本青睐》，搜狐，2021-01-15，https://www.sohu.com/a/444735999_120099969。

培训机构暴露出诸多问题，不乏令人震惊的案例。首当其冲，是培训机构整体的高投入营销模式，刺激全社会的教育焦虑，不但使该行业陷入恶性竞争，同时引发了社会舆论的极大不满。

2021年7月下旬，中共中央办公厅、国务院办公厅发布《关于进一步减轻义务教育阶段学生作业负担和校外培训负担的意见》，即"双减"政策。"双减"政策发布的背景是国家和政府要切实提升学校育人水平，持续规范校外培训（包括线上培训和线下培训），有效减轻义务教育阶段学生过重作业负担和校外培训负担。重拳之下，校外培训机构同时在四处寻找出路，低幼[①]、K12[②]学科类教育成为禁地，只能转向素质、职业、成人教育等非义务教育阶段培训赛道。

在线教育市场整体环境遇冷，融资困难、难以盈利成为在线教育企业面临的共同难题。因此，本章在对在线教育行业进行产业分析的基础上，对在线教育的营销策略进行研究探讨，通过了解其发展现状和营销策略，提出在线教育的未来发展方向，以期为在线教育在未来的发展提出建议。

二、产业属性

（一）市场需求弹性

教育作为一种准公共产品，它的需求量对于市场价格做出反应的程度，即教育行业的需求弹性。根据某大型在线教育机构进行的在线教育用户行为分析调查，用户选择在线教育的主要原因是价格优势，有18.4%的在线教育用户首先会考虑价格因素。因此，在线教育行业的需求价格弹性较高。

（二）年均复合增长率

据统计，2023年中国在线教育行业市场规模为4133亿元，同比增长14.17%。低幼素质教育、K12学科培训领域的在线化进程加快，是促使在线教育市场快速增长的最主要因素。

2020年受疫情影响，低幼素质教育领域的在线化范围持续扩大，职业教育领域的在线化进程也不断加速，新的供给和需求不断产生。同时，在2020

---

① 低幼指低龄的幼儿。
② K12全称为"Kindergarten through 12th Grade"，是指幼儿园开始一直到高中结束的教育阶段。

年疫情外生冲击下加快的 2020 年在线教育进程，也将透支未来的增速。目前，增速正趋于稳定。

（三）成本结构

在线教育行业的成本结构中，应重点关注销售费用和教师课酬，这两方面属于主要经营成本。其中，销售费用所占比重最大的方面，包括销售人员工资、运营费用、市场营销费用等。处于发展期的在线教育机构，销售费用占比至少为 60%；教师课酬占比次之，达到 30%。

三、市场结构分析

（一）市场集中度

行业集中度指数 CR_n 是行业前 n 名份额集中度指标，反映的是一个行业的竞争和垄断程度。2020 年中国在线教育行业市场规模为 2573 亿元，其中行业内年营业收入排名前 5 的企业营收总和约 392 亿元[①]，共占据约 15.2% 的市场份额，即 $CR_5 = 15.2\%$；说明在线教育行业虽然快速发展，各企业营业收入规模快速增长，市场竞争格局已初步成型，但仍然远远没有达到某一个或某几个企业垄断市场的地步，这是由整个教育行业高度分散的特性决定的。

由于疫情外生冲击影响较大，线下教育市场的 CR_5 以 2019 年为基准，TOP5 共占据约 4.6% 的市场份额，即 $CR_5 = 4.6\%$；线上教育的 CR_5 约为线下教育的 3.3 倍，在线教育的行业集中度显著高于线下市场。教育行业具有高度分散的特点，与其他行业相比集中度偏低，但无论是在线教育还是线下教育，都在向更加集中的方向变化。随着信息技术的快速发展，我国在线教育机构呈现爆发式的增长，使得在线教育市场没有出现垄断，而是呈现竞争的态势，"互联网 + 教育"市场为低集中寡占型，接近于竞争市场。

2023 年中国在线教育行业市场规模为 4100 亿元，其中行业内年营收排名前 5 的企业营收总和约 390 亿元，TOP5 共占据了约 9.51% 的市场份额，即 $CR_5 = 9.51\%$。这说明在线教育行业虽然快速发展，各企业营收规模快速增长，但仍然远远没有达到某一个或某几个企业垄断市场的地步。随着信息技术

---

① 《在线教育的"搜索"路线：打造工具入口，比拼开放生态》，人民创投，2021 - 01 - 28，http://capital.people.com.cn/n1/2021/0128/c406063 - 32015757.html。

的快速发展，我国的在线教育机构和公司呈现爆发式的增长，使得在线教育市场没有出现垄断，而是呈现竞争的态势，"互联网+教育"市场为低集中寡占型，接近于竞争市场。

（二）产品差异化

差异化战略，是指企业向顾客提供的产品或服务在产业范围内独树一帜，可以对产品进行额外的加价，并获得用户和市场。如果一个企业所提供的产品或服务不仅在成本上具有领先优势，而且有着其他竞争企业所不具备的特性，该企业就可以领先于行业。产品差异化使企业可以获得超额报酬，企业将获得更大的竞争优势和利润空间，差异化经营策略的效益显而易见。

受限于在线教育行业的特殊性，在分析在线教育产业的产品差异化时，主要可从主营产品种类的差异，以及同类产品的质量和品牌差别两个方面进行考虑。

1. 主营产品种类的差异

在线教育市场虽然是区域竞争型的市场，但各个企业主营的具体业务是不一样的。我国在线教育市场发展迅速，要想在市场上立足并站稳脚跟，必须从自身优势出发，选择不同角度切入，因此，不同的机构经营的业务是有差别的。

例如中公教育，其培训业务涵盖公务员考试、事业单位考试、军转干考试、招警考试、选调生/三支一扶/大学生村官考试、政法干警考试、公开选拔领导干部考试、教师招聘考试等，拥有国内首家公职考试研究院，在中国职业教育领域独树一帜。又如好未来，其以智慧教育和开放平台为主体，以素质教育和课外辅导为载体，在全球范围内服务公办教育，助力民办教育，探索未来教育新模式。

2. 同类产品的质量和品牌差别

不同机构就算是经营同类产品，它们的质量和品牌也存在差别。以语言类的学习教育机构为例，新东方、英语流利说、说客英语和51Talk等机构的主营业务都是语言类教育，但各自的定位不同。

新东方是以各种类型的考试为目标的学习平台；英语流利说是融合创新口语教学理念和尖端语音评估技术的英语口语学习平台；说客英语是外语信息化教学智慧平台，为用户提供智能听说作业、智能口语教练等形式的语言学习类别；而 51Talk 是非应试类的成人英语培训。

（三）进入与退出壁垒

1. 进入壁垒

进入壁垒是影响市场结构的重要因素，具有保护产业内已有企业的作用，是潜在进入者进入某一产业时必须首先克服的难题。进入壁垒按照成因的不同可分为资本壁垒、产品差异壁垒、政策壁垒等。

（1）资本壁垒。

资本壁垒是某一行业的新进入者进入该行业时必须拥有的最低资本量。我国在线教育企业注册地主要分布在北京、上海、广州等经济发达东部地区，中西部地区企业数量的增长相对缓慢。这一情况的主要原因是在经济较为发达的东部地区融资的难度较小，即资本壁垒相对较低，而在经济欠发达的中西部地区，新企业进入的资本壁垒则要高一些。

（2）产品差异壁垒。

由于产品的设计、广告等要有差别，新进入者的成本往往高于已有企业的成本，这时产品的差异对新进入者形成的进入阻碍，称为产品差异壁垒。

目前，我国在线教育市场的产品主要可以分为语言学习、儿童教育、K12阶段、教育应用、技能培训、考试考证培训和综合教育培训等。

这些产品在产品的设计上差别不大，经营的模式也比较相似。互联网教育行业的产品差异壁垒相对较低。

（3）政策壁垒。

为了保证资源有效配置而采取立法形式指导或干预企业进入的行为，称为政策壁垒。

近年来，在线教育作为一种新兴的教育形式，曾经在一定程度上处于教育监管的边缘。随着行业的快速发展和影响力的不断扩大，在线教育监管规定逐步出台。目前，在线教育企业除需要遵守线下教育相关规定外，还要遵守互联网经营等相关规定。由于教育机构倒闭等负面事件不断出现，多地教育局已出台相关政策，严管教培机构"预付费"模式。行业的准入门槛不断提升，使行业向更健康的方向发展。因此，在线教育产业的政策壁垒也在不断提升。

（4）规模效应和网络效应。

目前，各在线教育企业都在疯狂"烧钱"，积极抢夺市场，获取流量以达到获客的目的。靠"烧钱"获客抢市场的模式有成效有个大前提：具备网络效应和规模效应，比如网约车、微信、微博等。但是，在线教育行业没有规模效应，也没有网络效应。

没有规模效应表现为：一个教师在线最多只能服务一定数量的学生，哪怕大班课也不可能无限排班；而辅导老师更是如此，一个辅导老师对应 300 或 400 名学生已经是极限。没有网络效应表现为：在线教育并不是学生越多体验越好，甚至可能是反网络效应的；1 个教师教 10 个学生和教 100 个学生的体验肯定不一样；再加上，学生之间也没有网络效应，并不是有更多学生来上课体验就会变好。

2. 退出壁垒

一家企业要想退出某一行业，往往会遇到很多阻碍因素，这些阻碍因素组成了退出壁垒。退出壁垒主要是到沉没成本的约束。

在线教育的沉没成本主要受到前期的"烧钱"大战的影响，从在线广告的"刷屏式"投放到综艺节目、电视剧的巨额赞助和楼宇电梯广告的狂轰滥炸，在线教育企业的发展基本与其他互联网企业的发展模式步调一致：高额补贴抢人获客，迅速成为行业巨头，获得垄断地位后开始盈利。

由于在线教育企业前期投入巨大，一旦停下来，前期所有付出都将归零。沉没成本太高，使得在线教育企业走进了囚徒困境，各家企业都不愿意首先退出竞争，因而退出壁垒较大。

四、市场行为分析

市场行为被认为是市场结构作用于市场绩效的中间环节。其在一定程度上取决于市场结构，同时在一定程度上对市场结构造成影响，并决定着市场绩效。通常企业所采取的市场行为有：价格行为、非价格行为。

（一）价格行为

价格行为主要是指社会各经济主体的定价和讨价还价行为。当市场并非处于完全竞争时，厂商有一定的选择权来决定自己的定价政策。据在线教育用户行为调查分析，用户选择在线教育的首要原因是价格优势，其次才是教学质量、内容制作等与内容相关的原因。在所有的互联网教育用户中，有 18.4% 的用户会首先选择考虑价格因素。也正是因此，大多数的互联网教育企业会努力争夺价格优势，大打"价格战"，通过各种价格促销行为来抢占市场份额。

随着在线教育行业的扩大,这种价格行为将越来越多地被采用。

(二)非价格行为

非价格行为是企业在市场竞争中除了价格以外,所运用的各种能够使自己的产品与竞争对手的产品相区别,并使之具有差异优势的竞争手段。常见的非价格行为有:产品和服务差异化策略、广告策略。

1. 产品和服务差异化策略

在市场竞争中,仅仅通过牺牲利润打"价格战",企业是很难生存下去的,这就要求企业提供差异化的产品或服务以创造竞争优势。由于教育行业长期处于风口,大量初创公司涌入,总体来看,许多在线教育产品同质化严重。

例如,不少在线教育企业大密度在社交媒体上投放植入广告,其在微信朋友圈投放的广告基本雷同,纷纷打着"暑假特价、暑假免费试听课"等口号,推出各类免费试听课或是9.9元等特价课程,导致普通用户难以感知其中差异,并做出契合个人需求的选择。

对此,在线教育企业可以从四个方面做出相应调整。首先,要提高在线教育产品质量、丰富在线教育产品类型,发掘自身产品具有差异性的核心功能,并结合自身优势,在推广过程中形成独特的品牌定位。其次,选择适合的受众群体,深度洞悉在线教育用户需求,专注于解决用户对在线教育产品的需求;抓住用户的痛点,为用户提供个性化的学习解决方案。再次,强化品牌建设,提高服务质量,提高用户转化率,挖掘潜在客户群体。最后,在传播方式上,注重品牌广告的独特性,结合自身产品的特点,在线上平台(短视频平台、社交通信工具)投放体现自身优势、吸引用户的广告,还可以通过聘请正能量的明星或运动员、名师作为代言人的方式宣传平台。

2. 广告策略

随着经济的不断发展和买方市场格局的逐渐稳定,广告越来越显示出在企业竞争中不可替代的价值与作用。如今,广告已成为树立企业的良好形象、增强消费者和社会的信任的主要商业方式。

在线教育行业的广告策略不同于其他传统企业的广告策略,因为其具有网络外部性,所以,相比于传统企业,其品牌形象和知名度更为重要。除了传统的广告形式外,还有多种多样借助于互联网的广告形式:网络直播、图表广告和短视频等。

在线教育行业的宣传路径通常铺陈得十分紧密,且往往贯穿线上线下,营销方式奇招层出。对于辐射范围有限的线下营销来说,投入的精准度十分重要。其线下广告的投放方式有:汇聚大量学生和家长的学校周边公交站牌,是在线教育品牌极佳的宣传投放点;活动式的校园代理;不少成人教育品牌通过在大学招聘校园学生代理,更易在校内活动赢得生源的信任,从而打通招新宣传的最直接道路。

在铺好垂直度高的线下营销后,线上营销这种高效而广泛的宣传渠道自然也不能放过。除了常见的视频广告投放,综艺赞助、热剧贴片也是在线教育品牌的重要营销方式。在线教育品牌不但在开发成熟的传统电视台、网络视频平台上进行大量投入,也没有忽视新兴的短视频渠道,以"作业帮""瓜瓜龙"为代表的在线教育品牌,积极运用接地气短视频的广告形式,以直白的广告,直接对用户进行品牌概念的输入。

五、市场绩效分析

市场绩效指的是在一定的市场结构下,由一定的市场行为所形成的价格、产量、成本、利润、产品质量、技术进步、社会福利与公平及环境保护等方面的最终效果。市场绩效反映了在特定的市场结构和市场行为条件下市场运行的效果。以下将从利润率和市场规模两个方面来分析在线教育行业的市场绩效。

(一) 利润率

我国的"互联网+教育"行业从产生到现在时间较短,许多企业仍处于体系建设过程中,各机构均试图在激烈的产业格局中谋求生存。教育机构利润率低于10%的,机构运营基本上是不健康的;利润率在10%~20%的,为不太健康;20%~25%的,为基本正常;25%~30%的,为运营健康。

目前,中国互联网教育产业的商业模式主要有内容收费、技术服务、软件收费、平台分成和广告模式等。其中,传统内容收费和广告模式相对落后,平台分成的模式相对较优但门槛较高。对于初创企业和小企业而言,其机会在于以内容为核心的竞争,而对于上市公司等巨头而言,主要竞争则是基于优质内容的平台搭建竞争。

(二) 市场规模

2025年中国在线教育市场规模预计将突破1.5万亿人民币,年复合增长率达到 20% 以上。到 2030 年将达到约 5000 亿元，2025 年至 2030 年预计以年均复合增长率 15% 的速度增长。在线教育市场规模受到政策支持、技术发展、用户需求等多种因素的影响，未来有望继续保持增长态势。

六、产业未来发展趋势

（一）推动线上线下的深度融合

部分传统线下机构师资短缺、体系不完善、教学水平参差不齐及服务理念落后等问题，难以满足新时代家长对更优质教育的需求。网课等在线教育机构有名师，教学质量有保证，但需要家长陪护和课后辅导，没有学习氛围。解决途径——"双师"。也就是线上名师，负责讲好课，让孩子能听懂、愿意听；另一个线下本地辅导老师负责课堂监控和课后辅导，还有 App 协助老师和家长记录和了解孩子学习个性化的学习数据。

（二）以需求为导向的产品策略

在线教育细分市场明显，各细分市场用户需求各不相同，用户年龄覆盖广、差异大，用户使用时间长短不一；且同一细分市场企业数量众多，课程内容丰富，可供用户选择多。因此，当前在线教育企业主要以满足市场需求为目标来制定其产品策略，为具有相同或相近需求的用户制定服务类型、价格范围等，并且能根据用户需求主动筛选，提供多种产品进行多维度或同一深度的补充服务。

（三）以抓住用户为导向的价格策略

面对当前在线教育市场规模大、赛场竞争激烈、跑道众多，同质化严重的现状，诸多在线教育企业为争抢用户资源逐渐打起了"价格战"。"价格战"是企业间竞争最不明智的方式，但对于尚未养成付费习惯的用户来说，这也是有效抓住用户的方式之一。因而在价格策略上，许多公司企图以低价格优势圈住生源。

（四）以覆盖全网络及移动终端为主导的渠道策略

在信息技术的支持下，在线教育企业基于对数据的深度挖掘来对目标群体进行筛选和个性化分析，并根据用户的年龄、职业、兴趣爱好等个性化信息分组，通过电视、电脑、手机、平板等多屏终端联动跨屏来整合营销，同时，在社交、咨询、搜索、短视频和在线教育平台等多个用户使用契合度较高的渠道为用户投放个性化广告，以达到精准营销的目的。

（五）以扩大市场占有率为主导的促销策略

营销的最终目的是提高用户忠诚度，扩大市场占有率。在线教育企业在抓住老用户的同时，通过"免费体验""低价"和"趣味课堂"等方式来吸引新用户。围绕用户展开营销，让用户为产品持续买单。各在线教育企业逐步由适应用户需求向为用户创造需求转变，追求各方互惠互利关系最大化。同时，通过各互联网销售渠道、线上线下联合推广、专题推送等方式提升平台知名度，增加市场份额。

（六）在线教育的三种营销思路

在线教育企业比线下教育企业更重视营销，当前在线教育的三大营销思路主要为：广告导向、运营导向和资源导向。

对于教育服务行业而言，在市场定位精准和竞争战略恰当的情况下，完善的产品营销策略是其快速且持续健康发展的保证。很多教育企业成立之初，面临的关键问题是如何在激烈的市场竞争中找到自己的用户群体并进行转化。我国线下教育企业经历了漫长的发展历程，通过不断地对定位、文案、推广、运营等渠道进行琢磨、变通后，才将用户转化成自己的核心用户，逐渐建立稳固的品牌和网络口碑，从而完成和用户之间的价值交换。与线下教育相比较，在线教育行业刚进入初步成熟阶段，同质化竞争过于激烈，抢先获得用户资源的企业就会占领市场先机。在这种境况下，"以口碑促增长、以运营促增长"的发展方式受到各在线教育企业的重视。加上资本的助力与推动，各企业为快速建立品牌和口碑，一般会选择走"用资本换时间"的道路，以达到缩短品牌培养周期、迅速占领市场的目的。

（七）转型其他学科赛道

由于国家仍在持续坚定地整治学科培训乱象，进一步规范教育产业化与资本化，因此主营学科培训的在线教育机构应紧跟政策导向，及时完成业务转型，转向其他培训领域。实际上，众多的公司早有预期，且已在积极转型。近年来，好未来瞄准成人教育领域，整合了旗下的考研、留学、语言培训业务推出"轻舟"品牌；高途对旗下考研业务进行了升级，陆续将重心转至成人业务；猿辅导旗下斑马 App 推出了美术、写字、编程启蒙等素质教育课程，且新增了南瓜科学的入口。在形式上，由于大量学生被留在校内参加课后服务和托管，因此未来小班制或一对一模式会重回主流地位，因此教育机构可建立平台，吸纳机构原有的优质师资，通过家教模式进行服务。

七、产业政策建议

（一）增强监管与引导，构建规范化管理体系

近年来，在线教育产业市场规模扩张速度较快，在线教育机构如雨后春笋般涌现。迅速扩招的背后也深藏众多乱象。教育资本化问题、师资问题、超前教育、拔高教育等现象广泛存在。自 2021 年"双减"政策逐步落实后，经历了"大洗牌"的在线教育产业重新形成良性运转的环境。建立规范化在线教育的管理体系，既是当前迫在眉睫的任务，也是推进这一目标实现的最佳时机。增强对在线教育产业的监管与引导，构建规范化的管理体系，是该产业能够良性运作和有序发展的根本保证。

（二）引导行业协会加强自治力度，形成内部治理体系

长期以来，民营企业都在官民共治的基础下协调发展。而在线教育企业多为民营企业，因此行业自治对在线教育行业的发展将发挥重要的推动作用。在线教育产业所属行业协会为中国民办教育协会。该协会成立于 2008 年，是当前民办教育行业的非营利性合法的社会组织。针对当前在线教育行业的发展与管理，该协会也提出了相关的建议，但目前行业自治影响力较小。在这一问题上，下放权力至行业协会、加强自治力度是形成有效的内部治理体系的可行路径。行业协会也应配合政策的指引，以更好地发挥官民共治的强大优势。

（三）发挥在线教育优势，助力"教育扶贫"工程

随着互联网的普及与发展，互联网教育在缓解区域间教育资源不平等的问题上已产生了重要且积极的作用。信息技术是当下最先进的生产力，"互联网＋教育"成为未来教育发展的新趋势，尤其在优质资源共享、家校合作等模块，充分发挥了其优势。在线教育作为互联网教育的其中一种形式，即便在"双减"政策的背景下也仍具备一定的发展前景。政府应加强与在线教育企业、学校的合作，在"教育扶贫"层面更好地发挥在线教育的优势，这是在

线教育产业发展的重要机遇,也是引导在线教育产业发展的可行方向。

思考题

1. 根据这一章的内容,分析在线教育产业进入壁垒的特征。
2. 思考在"双减"政策背景下,在线教育产业的改革与创新方向。

参考文献

[1] 包天详. 我国在线教育行业发展路径探析 [J]. 中国电信业, 2022 (12): 34-37.

[2] 陈涛. K12 在线教育的未来战略发展布局 [J]. 新闻传播, 2016 (7): 57, 59.

[3] 董萍, 郭梓焱. 我国在线教育的发展困境及其突破 [J]. 国家教育行政学院学报, 2021 (2): 61-67.

[4] 何登溢. "互联网+"视角下我国在线教育产业成长前景研究 [J]. 贵州财经大学学报, 2018 (2): 70-77.

[5] 李兰. "互联网+"时代在线教育作品的版权保护路径探析 [J]. 传媒, 2024 (16): 72-75.

[6] 梁宇靖, 梁斌, 罗紫芹. 我国 K12 课外辅导机构在线教育发展现状及趋势研究 [J]. 中国教育信息化, 2018 (11): 12-15.

[7] 刘东梅. 在线教育二十年: 从"教育+互联网"到"互联网+教育" [J]. 互联网经济, 2015 (7): 90-97.

[8] 陆梦娟, 王嘉棣. 在线教育市场的发展现状分析及对策建议 [J]. 中国市场, 2015 (44): 73-74.

[9] 蒲佳妮, 王欣悦, 王佳雯, 等. 新时期在线教育行业迎来发展新机遇探索 [J]. 商讯, 2021 (19): 177-178.

[10] 秦兴宇. 疫情下在线教育著作权侵权风险的法律保护 [J]. 法制博览, 2023 (1): 25-27.

[11] 孙延飞, 孙海钰, 柏素娟, 等. "互联网+"背景下在线教育行业营销策略分析: 以高顿为例 [J]. 中国市场, 2023 (24): 128-131.

[12] 王娟, 郑浩, 高振, 等. "双减"背景下在线教育智慧治理框架构建与实践路径 [J]. 中国电化教育, 2022 (2): 38-46.

[13] 武佳蕊, 刘斌. 教育生态学视角下在线教育治理的现实困境及其优化路径 [J]. 中国医学教育技术, 2023, 37 (3): 283-287.

[14] 袁磊,雷敏,张淑鑫,等. 把脉"双减"政策构建在线教育信息安全体系[J]. 现代远程教育研究,2021,33(5):3-13,25.

第四章　文化创意产业

一、产业概况

近年来，随着经济、科技的迅速发展和人们精神文化水平的不断提高，文化创意产业已成为全球最具商业价值和文化内涵的朝阳产业，也是衡量一个国家综合实力的重要指标之一。文化创意产业的健康发展，对于改善生态环境、促进经济全面可持续发展、带动我国传统产业发展等都具有重要意义。

（一）概念

文化创意产业是一种在经济全球化背景下产生的以创造力为核心的新兴产业，是强调一种主体文化或文化因素依靠个人（团队）通过技术、创意和产业化的方式开发、营销知识产权的产业。

文化创意产业主要包括广播影视、动漫、音像、传媒、视觉艺术、表演艺术、工艺与设计、雕塑、环境艺术、广告装潢、服装设计、软件和计算机服务等领域的创意活动，随着文化艺术市场的蓬勃发展和公共展演场地的加大建设（如国家大剧院、798艺术区等），我国除了在既有制造业的优势下寻找出路外，也开始重视文化创意产业的发展。

（二）起源

文化创意产业起源于20世纪90年代的英国，随后许多国家和地区也纷纷提出相关概念并进行产业实践，主要包括版权产业、文化产业、休闲产业、体验经济、注意力经济等概念。

我国的文化创意产业虽然起步较晚，但经过十几年的发展，也取得了较大的进步。

(三) 特点

1. 创新性

创新性是文化创意产业的本质特征和推动其发展的不竭动力。现代社会，人们对文化的消费具有时尚性、娱乐性、多变性等需求，这就要求文化创意产品的生产者在文化产品和文化创意生产过程中要以新颖、独特的风格，用产品的特色吸引消费者，生产出受消费者欢迎并且适合其消费能力的文化创意产品。为实现文化创意产业的创新，可以从我国文化深厚的历史积淀中挖掘可以利用的精华部分，剔除文化中的糟粕，对各种有效资源进行整合和创新。

2. 高知识性

现代科技，尤其是信息、传播、自动化等高新技术的广泛应用，给文化创意产业带来了革命性的深远影响，因此，信息、知识、技术等已成为产业的核心生产要素。文化创意产品的生产与销售过程更加强调知识密集、信息密集和技术密集的特点。如广播、影视、音乐、出版等行业正是通过新技术与传媒的结合，体现了这些特点。文化创意产业在生产过程中运用高新技术，产生新的价值，使其呈现出数字化、信息化、知识化等发展趋势。

3. 环境污染少

资源消耗低、可反复利用。文化创意产业与以生产消耗物质产品为依托的传统产业不同，它以文化资源为基础，因此又被称为"绿色产业"。传统产业的发展模式过于依赖已短缺的资源，而文化创意产业克服了传统产业的弊端，它对自然环境的破坏力低，不仅降低了生产成本，还带来了价值更高的产业成果。文化创意产业污染少，为经济社会发展开辟了一条可持续发展道路。同时由于该产业具有创意取之不尽、用之不竭的特点，人们可以对某一种文化资源进行多次、反复开发利用，并且随着科技的进步，不断实现升级。

4. 高素质人才

文化创意产业的核心是能爆发出创意灵感的设计高手和特殊专才。他们主要是知识型劳动者，以自主知识产权为核心，以特殊或专项技能为手段，拥有对专业本身和社会文化的较深理解和掌握，以脑力和体力、手工和现代科技相结合的生产方式，不断创造出新技术、新理念等，从而实现对文化创意产品的智能生产。

二、产业属性

（一）市场需求弹性

我国自2005年起吹响发展文化创意产业的号角，随后各类文化创意产业园区如雨后春笋般涌现。近年来，随着我国各项支持政策的出台和市场的不断升级变化，国内文创产业更迎来迅猛发展，模式也趋于完善与多元化。

文化创意产品属于人类较高层次的精神需求或附加值生产需求，其需求弹性较大。随着人们的收入增加，在满足基本的生存和安全需要之后，精神层面的需求会大幅度提升，文化创意产业的市场会快速增长；反之，如果人们的收入降低，满足维持生存需要是必需的，那么，精神方面的需求往往是首当其冲要被削减的对象，文化创意产品的需求就会大幅度地减少。那些创意设计类的文化创意产品也是如此，由于其作用是提升工业或制造业的附加价值，因此在经济衰退时期其需求往往不足。文化创意产品的价格变动对于需求量的影响也同样比较显著。比如，书价的增幅如果超过居民的收入增长幅度，书的销售量就会大幅度下滑，尤其在总体收入水平较低的发展中国家或地区，文化创意产品的市场需求弹性更大。

（二）市场需求增长率

随着我国经济的快速发展，居民消费结构逐步升级，从以"物质消费"为主转向以"精神文化消费"为主，这极大地刺激了我国文化创意产业的快速发展。近年来，我国政府积极出台促进文化创意产业发展的各项政策，使社会力量投资文化创意产业的热情高涨、文化创意产品和服务丰富多样、文化及相关产业增加值逐年提升。2023年，文化服务业实现营业收入67739亿元，比2022年增长14.1%，增速明显快于全国规模以上服务业企业整体水平；文化服务业营业收入占全部规模以上文化企业营业收入的比重为52.3%，占比高于2022年2.7%；对全部规模以上文化企业营业收入增长的贡献率为85.4%。随着扩内需、促消费政策落地显效，居民文化消费需求得到持续释放，有力推动了文娱休闲行业的恢复与发展。2023年，文化娱乐休闲服务行业实现营业收入1758亿元，由2022年下降14.7%转为增长63.2%，两年平均增长18.0%。文化服务业创收能力的不断提升，为文化产业结构的持续优化提供了有力支撑。①

新动能不断释放，文化新业态行业带动效应明显。2023年，文化新业态特征较为明显的16个行业小类实现营业收入52395亿元，比2022年增长15.3%，高于全部规模以上文化企业收入增长7.1%。文化新业态行业对全部规模以上文化企业营业收入增长的贡献率为70.9%。其中，可穿戴智能文化设备制造、数字出版、多媒体游戏动漫和数字出版软件开发、互联网搜索服务、娱乐用智能无人飞行器制造、互联网其他信息服务6个行业小类营业收入增速较快，分别为24.0%、21.6%、19.4%、19.3%、17.9%和16.5%。②

(三) 行业特征

1. 周期性

文化创意产业的发展受国家宏观经济发展状况和相关产业政策的影响较大，随着国家宏观经济的波动和产业政策的调整，文化创意产业将呈现一定的周期性。目前，我国经济处于稳步发展阶段，产业政策持续扶持行业发展，同时我国居民生活水平不断提高，对文化创意产业的消费需求也随之上升，从而不断带动行业发展。

2. 区域性

消费需求相对较高的地区，文化创意产业的市场空间更为广阔。近年来，旅游资源丰富的云南省、四川省、陕西省等地为促进当地旅游产业的升级发展，加速推进文化创意产业与旅游业的融合，配套推出一系列的旅游演艺产品，如云南省的《云南映象》《印象丽江》《云南的响声》、四川省的《九寨千古情》《道解都江堰》《藏谜》、陕西省的《长恨歌》《印象陕北》《法门往事》等，此类旅游演艺产品成为当地文化创意产业新的增长点。因此，文化创意产业内部区域结构不平衡，呈现一定的区域性特征。

---

① 《2023年文化企业发展持续回升向好——国家统计局社科文司高级统计师张鹏解读2023年全国规模以上文化及相关产业企业数据》，中华人民共和国中央人民政府，2024-01-30，http://www.gov.cn/lianbo/bumen/202401/content_6929148.htm。

② 《2023年文化企业发展持续回升向好——国家统计局社科文司高级统计师张鹏解读2023年全国规模以上文化及相关产业企业数据》，中华人民共和国中央人民政府，2024-01-30，http://www.gov.cn/lianbo/bumen/202401/content_6929148.htm。

三、市场结构分析

(一) 市场集中度

文化创意产业覆盖面较为广泛,行业内企业在业务形式、市场定位上具有各自的特点。同时,由于细分领域市场起步较晚,因此行业集中度较低,尤其是具有行业影响力和品牌知名度的企业较少。

(二) 产品差别化

现今文化创意产品之间的差异性不大,例如,各区域旅游纪念品雷同的现象十分普遍。很多旅游纪念品相差无几,品类杂乱,无设计、无特色自然缺少辨识度,对游客亦构不成足够吸引。从表层次看,这是由于旅游纪念品缺乏创新所致,从更深层次来看,这不仅是由于缺乏对内涵文化的挖掘,同时也反映了在培养文化创意土壤方面的急功近利态度。

作为新型的商业模式,文化创意企业有着轻资产运营的独特优势,同时,品牌资产化运营的独特性之一,就在于以产品经营为基础。品牌资产以产品为依托,品牌资产运营同样无法超越产品经营这一实物形态要想创立、发展品牌,并发挥和利用品牌价值,就必须通过差别化的产品打动消费者、占领更大的市场,从而有效强化品牌。

(三) 行业壁垒

1. 创意设计能力和经验的壁垒

文化创意产业是一种以文化为基础、以创意设计为核心的新兴产业,它体现了人类的知识、智慧和灵感的物化表现。创意设计能力是该产业的核心竞争力。行业内企业需要根据客户诉求和场景需求,在统一的艺术构思中运用丰富的艺术表现手法,依据自然、人文、历史、现代、经济等特定环境,进行创意设计与制作。同时,文化创意产品和服务大多难以确定标准化的设计流程和方案,需要创意设计团队在深刻理解客户需求、项目背景、人文历史等之后进行量身定制,创新成分相对较多,对创意设计团队的创意设计能力和艺术灵感提出了很高的要求。创意设计能力除需要自身的创意灵感外,还需要积累项目实践经验。只有通过参与不同的项目,文化创意企业才能不断加深对客户需求的了解，逐步形成具有较强艺术表现力和感染力的创意设计能力。而新进入的企业通常难以在短期内形成较强的创意设计能力并满足客户的个性化需求。

2. 品牌壁垒

文化创意产业的参与者众多，但其定制化设计的特点决定了客户在选择服务商时会倾向于创意设计能力强、具有品牌知名度、有较多成功个案的企业。这些客户对大型、复杂项目的艺术表现力、施工安全性等要求很高。实施并完成此类项目有助于企业形成良好的品牌效应，从而为后续市场开发、业务拓展提供强有力的竞争优势；另外，长期积累的品牌效应能够在获取项目信息、控制采购成本、提升议价能力、增强客户黏性等方面产生积极效应。品牌壁垒是新进入企业进行市场开发、业务拓展的一定障碍。

3. 人才壁垒

文化创意产业作为典型的知识密集型和人才密集型产业，其发展必须具备坚实的智力保障，充满创造性的、经验丰富的创意人才资源是推动该产业发展的重要因素之一。同时，作为新兴的交叉性产业，文化创意产业横跨创意设计、舞台美术、人文历史、旅游管理、项目运营管理等多个范畴，要求从业人员具备复合型知识背景和较高的综合素质。目前，我国文化创意产业人才结构不尽合理，具备创意设计能力和项目制作能力的复合型人才较为短缺，专业人才培养和储备也不足。产业先进入者已经通过长期的项目实践拥有了一定的人才储备，而新进入企业往往在短时间内难以建立一支优秀的人才队伍。因此，人才资源的缺乏是新进入企业面对的重要壁垒之一。

4. 核心技术壁垒

为将创意设计方案真实地、完整地呈现，避免出现设计方案与实施效果相差甚远的情况，需要提供前期的创意策划、方案设计，中期的现场制作及后期维护等全流程解决方案。而全流程解决方案覆盖多层次、多方面技术，不仅包括创意方案的策划，还包括项目实施过程中各类文化设备的一体化综合应用及调控技术、电脑控制技术、网络技术等领域的高新技术。具备核心技术优势以及对设备、技术、创意设计等分散资源进行有效整合的能力，是行业内企业获取竞争优势的关键因素。行业内现有企业经过多年的经验积累已经获得相应的技术沉淀，新进入企业将面临缺乏核心技术的壁垒。

四、市场行为分析

（一）策略性定价行为

1. 文化创意产业歧视定价的目标

文化创意产品采用价格歧视以实现利润最大化的定价行为的有效性取决于消费者细分和准确的市场定位。特定的文化产品可以有针对性地满足消费者的独特需求，实现了产品结构与需求结构的统一。文化创意产品通常以利润最大化为定价目标，企业往往定位于高端消费市场。企业追求现金流量目标往往以上游产业链为途径，通过大量创新产品提升企业核心竞争力，从业人员可以很快获得现金流量。为帮助消费者通过识别企业与其他企业之间的差异，可以建立起对企业文化创意产品高质量和高端品牌形象的认知。这种定价策略的成功在于它基于消费者的实际效用和购买能力，而不仅仅是依赖于设定高价格。

2. 文创产业歧视定价的方法

第一，细分客户群歧视性定价法，这种歧视性定价法主要针对不同细分的客户群，相同的文化创意产品收取不同的价格。对于生产和提供文化创意产品的企业来说，适当降低价格能够吸引更多消费者，从而增加总体收益。如果企业设定较高的价格，则可能会失去对学生等价格敏感群体的吸引力，进而影响销售量和市场份额。

第二，地区、位置歧视定价法。该定价法是指文化产品企业根据所提供的产品的区域的不同向消费者索取不同的价格，该价格并不取决于文化产品自身的成本。这使得需求价格弹性较小、更加注重消费某一文化产品时的心理感受的那一部分消费者选择更加有利于体验文化产品的位置，相应地支付更高的费用。

（二）广告行为

文化创意的核心内容及核心竞争力的载体是具体产品，包含产品形式和产品内容。立IP，讲故事；结合地域文化和特色、结合企业文化进行充分挖掘，提炼元素、编写故事、艺术创作和设计，这其中除了确实的文化元素和故事之外，往往还需要"无中生有""捕风捉影""浮想联翩""自圆其说"。IP故事需要通过媒体渠道持续传播。但是经营 IP，不仅与文创产品相关，好的 IP 往往是重要的品牌资产，是企业长期要投入资源培养和运维的对象。成功的 IP 能够长期、多层面为企业方带来价值。

（三）技术进步行为

"文化+""+文化"现已成为文化创意产业发展趋势，在数字化技术推动和创意驱动下，这一趋势愈发明显。跨界融合已然成为文化创意产业发展的趋势，其着力点是数字化技术引领和文化创意驱动。我国的文化创意产业发展空间巨大，随着国家在数字化、互联网、5G 等技术方面的进步，艺术传播载体也进行着变革，而中国悠久的历史文化为这个产业提供了发展的沃土。作为中国首个"设计之都"，深圳的文化创意产业正以年均接近 25% 的速度快速发展。

（四）并购行为

当前，我国经济发展进入"新常态"，经济结构转型升级，众多传统产业力求通过跨产业并购找到新的利润增长点，实现升级转型的平稳过渡，文化创意企业则力图通过跨行业并购来丰富业务范围。在此基础上，混合并购成为当前文化创意产业并购的主流。

五、市场绩效分析

（一）资源配置效率

总的来看，我国文化创意（简称"文创"）产品正越来越多地出现在国际市场，文创产品国际贸易表现出五个明显的特点。一是流媒体文创产品交易日益活跃。我国微电影文创产品在欧洲、非洲和亚洲都有相应的市场，外文类电视、广播产品也在更多国家播出。二是出版物的国际贸易得到较大发展。截至 2019 年底，共有 48 万多部著作被国际买家购买，超过 6.2 兆比特的数据被国际检索和使用，《人民日报》《光明日报》等报纸的年交易额超过 200 亿元。中国知网（CNKI）等数据库传播到了 120 个国家和地区。三是 16 大类的载物文创产品贸易额实现较大增长。服饰、书法、雕塑、绘画等 16 大类文创产品是最能代表中国人文精神、美学特征和文化元素的文创产品，目前其国际贸易对象已超过了 210 个国家和地区，贸易规模、溢出效用、盈利空间以及边际收益都得到了比较大的提升，成为展现中国形象的重要文创产品。四是代际承继型文创产品越来越多地出现在国际市场。其中以得到联合国认可的39项非物质文化遗产为主，比如，侗族大歌、凤阳花鼓、嘉善田歌等高雅艺术都出现了比较成型的文创产品，这些产品多次走出国门，不仅让其他国家的民众看到中国古老艺术，而且创造了可观的经济效益。如果说书法、服饰等16大类文创产品让大家看到的是中国文化的源远流长，来自各个民族丰富的非物质文化遗产文创产品，则让大家看到了中国文化的博大精深。

（二）行业技术水平

文化创意产业是艺术创意设计与文化科技紧密结合的交叉性行业，需要通过丰富的艺术表现手法，运用数字技术、网络技术、多媒体技术等高新技术将艺术创意设计从理念转化为现实。行业的技术水平主要体现在创意设计水平和文化科技水平两个方面，该产业的发展需要以下两方面实现协同发展。

1. 创意设计水平

创意设计能力是文化创意产业的核心竞争力，但目前我国行业内企业创意设计能力参差不齐，整体创意设计能力较弱，同质化现象严重。一方面，我国文化创意产业起步较晚，创意设计人才较为短缺；另一方面，文化创意产业需要根据客户诉求，依据不同的自然、人文、历史等进行定制，从而对创意设计能力提出了很高的要求。随着居民消费理念的升级，具有高度原创性的文化创意产品和服务将更加迎合市场的需求，从而促进行业内企业积极引进高端创意设计人才、转变企业发展思路、注重提高原创能力，进一步推动行业整体创意设计水平的提升。

2. 文化科技水平

将创意设计方案和多层次、多方面技术有机结合，能够丰富策划方案的创意内涵、技术手段和表现形式。2017年4月，文化部发布《文化部"十三五"时期文化科技创新规划》，提出"到2020年，文化科技自主创新能力得到较大提升，文化科技支撑实力进一步增强，文化重点领域关键技术攻关取得重要进展，文化行业标准体系相对完备，文化科技基础条件明显改善，有效服务于文化事业和文化产业发展，基本形成以市场为导向，以需求为牵引，以应用为驱动，以文化科技企业为技术创新主体，以协同创新、研发攻关、成果转化、区域统筹、人才培养等为主要构成的文化科技创新体系"。

近年来，随着市场和产业政策的导向，我国文化科技水平不断提高，越来越多的新兴技术应用于文化创意产业。例如，增强舞台艺术表现力的声光电综合集成应用技术、基于虚拟现实的舞美设计与舞台布景技术、移动舞台装备制造技术等，这些技术增强了视觉美感，丰富了表现形式，提升了艺术感染力。因此，积极推进文化科技创新、提高自主创新能力是发展文化创意产业的重要引擎。

（三）规模经济实现程度

近年来，虽然我国文化产业快速发展，但文化产业结构仍存在着投入结构低端化与同质化、产业关联性不强、区域发展不平衡、人才结构不合理等问题，直接影响着文化产业的发展进程、水平、质量和效益。从文化产业类型来看，2023年我国文化制造业实现营业收入40962亿元，比2022年增长0.6%；文化批发和零售业实现营业收入20814亿元，比上年增长6.1%；文化服务业实现营业收入67739亿元，比上年增长14.1%。①

近年来，文化服务业的市场占比均远大于文化制造业和文化批发零售业的占比，同时文化服务业也保持了更快的增长速度。文化创意产业作为上述领域的重要组成部分，成为促进我国文化产业创新发展、优化文化产业结构的重要因素。

文化创意产业作为新兴文化产业，具有高附加值、高文化价值和经济价值等特点，其快速发展能够促进传统文化产业的改造升级，为传统文化产业注入动力和活力，同时是推进文化产业结构调整和转型升级的重要着力点。

六、产业未来发展趋势

（一）"一带一路"建设为文化创意产业跨地区融合及走向世界提供了新机遇

"一带一路"建设能够推动我国文化创意产业的跨地区发展融合及"走出去"，与沿线国家和地区实现互惠共赢。一方面，"一带一路"沿线国家及地区为我国文化创意产业提供了更为广阔的国际市场，根据国外不同受众群体的

---

① 《2023年全国规模以上文化及相关产业企业营业收入增长8.2%》，国家统计局，2024-01-30，https://www.stats.gov.cn/sj/zxfb/202401/t20240129_1946971.html。

文化传统和价值取向，我国文化创意企业可以有针对性地开发适销对路的文化创意产品；另一方面，"一带一路"沿线国家及地区不同的文化背景和人文风俗为我国文化创意产业提供了丰富的文化资源，注入了新的活力。

（二）高新技术在文化创意产业中的重要性逐步加强

为将创意设计方案真实、完整地呈现，需要提供前期的创意策划、方案设计，中期的现场制作及后期维护等全流程解决方案，而全流程解决方案覆盖多层次、多方面的技术。因此，推进文化创意产业科技创新、利用高新技术更新文化创意产品的创作模式和传播方式，能够实现创意设计和文化科技的双轮驱动。未来文化创意产业的发展必须依靠相关领域强大的高新技术，二者的深度融合是不可避免的趋势。

（三）以集群化为特点的协同发展趋势

文化创意产业的发展需要以完整的产业链为依托。在政府的积极引导下，我国文化创意产业已初步形成了以国家级文化创意产业示范园区和基地为龙头，以省市级文化创意产业园区和基地为骨干，以各地特色文化产业群为支点，共同推动文化产业加快发展的格局。目前，我国各类文化创意产业园区和聚集区建设初具规模，但特色还不明显，未来发展需要加强对特色文化创意产业集群的培育，建设一批特色鲜明、优势突出的文化创意产业园区。

（四）"互联网+"逐步融入文化创意产业的实践之中

"互联网+"作为一种新的经济形态，与文化创意产业具有良好的融合效应，能够利用信息化、物联网、智能化等创新技术为文化创意产业的创新提供低成本、多渠道的技术平台；同时，互联网已成为文化创意产业生产和消费的重要平台，促使从业人员从互联网思维方式考虑用户的需求，要使文化创意服务与产品更能适应互联网的生产和传播需要。作为一个以创新为驱动的产业，文化创意产业需要紧随互联网的潮流，不断更新其内容和形式，保持产业发展的生命力。

七、产业发展困境

虽然我国是目前文化创意产业发展最快、市场最大的国家，但由于产业政策、资金、人才等方面的制约，我国的文化创意产业和发达国家的相比仍存在较大差距,在具体发展过程中主要存在以下四个问题。

(一) 产业规模小,关键技术短缺,复合型人才匮乏

和发达国家的文化创意产业发展相比,我国文化创意产业的规模相对较小,产业化发展所需资金不足,企业获得融资相对困难等。同时,关键技术相对短缺,如数字化技术发展水平落后于发达国家,Flash 技术运用领域有待进一步发掘等。文化创意的复合型人才匮乏也是目前存在的主要问题之一。我国当前从事文化创意产业的人员中有很多缺乏系统的文化创意理论知识和创新能力,仅采用流水线和作坊式的运作模式生产制作。如何将我国文化创意产品由"中国制造"转为"中国创造",是急需解决的问题之一。

(二) 文化创意产业在各地区的发展明显不均衡

虽然我国各省区市都在大力发展文化创意产业,积极推进地区经济结构的调整,但由于各地经济、历史、地理等原因,各地的产业发展表现出较大的不平衡状态。总体来说,珠三角、长三角、京津冀三大城市群地区由于经济发展程度和对外开放水平比较高,已进入高效快速发展阶段。这些地区的文化消费活跃,文化产业发展状况较好;而在中、西部地区,虽然文化资源丰厚,但文化消费刚刚起步,相关基础设施和人才缺失,发展相对比较缓慢,这些因素在一定程度上制约了文化创意产业的发展。

(三) 文化创意产业建设面临"同质化"危机

我国文化创意产品的原创力不足,创新性有限,文化创意产业的发展过程中存在抄袭、复制、模仿现象,文化创意的"山寨"产品频频出现,使产业发展处于滞后状态。部分地区在文化创意产业建设中漠视自身的文化传统和历史风貌,将具有本地特色的文化创意元素看作经济社会发展的阻碍和累赘,片面追求新、奇、怪的风格,导致各地具有民族风格和地域特色的文化正在消失。创意是文化创意产业最主要的特征,但目前我国多个地区却置自身发展实际于不顾,不加以区分和补充,盲目地将各种文化产业都作为文化创意产业进行发展。这样做既抑制了文化创意产业的健康发展,也令一般文化产业难以持续发展。

八、产业政策建议

（一）重视上游内容产业的发展，大力培养创新精神和创新文化

从本质上说，文化创意产业就是将创造性思维通过生产、制作过程，变成文化创意产品并最终将其进行市场交易的产业形态。因此，内容产业的健康快速发展是文化创意产业发展的基础和源泉。重视内容产业的发展就必须重视社会科学及文艺事业的发展，制定专项政策对文化创意产业工作者进行引导，要求其不仅要扎实、深入学习基本理论知识，还要探索、研究并开发符合文化市场需求的产品，并积极努力促进成果的产业化；广大从业人员要面向社会广大消费者，深入了解其对文化创意产品的需求，创作出令其满意的优秀作品，真正充实和丰富内容产业；要从产业发展的角度出发重新认识文化和文学艺术；要密切围绕文化创意产业的发展需要，不断创新和丰富内容产业成果，将优质充足的"原材料"及时提供给文化创意产业。创新是推动内容产业发展的不竭动力，只有大力培育创新精神和创新文化，建立并丰富内容产业内在的要素，才能为文化创意产业的健康、稳定发展奠定坚实基础。目前，如何使全社会增强对文化创意产业发展的重要性的认识和对未来发展趋势的把握已成为我国发展该产业的首要问题，特别是管理文化产业相关部门要学习和掌握世界各国文化创意产业发展的理论、政策、经验、方法等，熟悉这一产业的发展链条，并结合本地经济和社会发展的实际，因地制宜进行实践，促进产业结构升级。

（二）为中游设计制作产业构筑发展平台，促进产业集群效应的形成

根据《文化产业振兴规划》关于加快文化产业园区及基地建设的要求，应统筹规划若干文化创意园区，整合我国各地区文化创意产业资源，促进其形成集群效应。政府引导、企业主导和各方参与是文化创意经济得以加速发展的前提，同时要借助文化创意产业园、特色艺术街区等地理载体，才能形成文化创意产业集群效应。产业集群效应一旦形成，可以使分工更合理、合作更有效，迅速打造一些具有区域性，集上、中、下游于一体的文化创意产业链。各主要地区政府要抓住机遇，规划建设一批文化创意产业园区和基地，并在土地使用、基础设施建设、税收政策等方面给予扶持和鼓励，促使文化创意产业形成产业集群效应。

(三) 建立健全下游营销服务产业发展的运行机制

目前文化创意产品营销服务运行秩序还有待强化，要通过经济、法律等行政手段管理、调节文化创意产品的生产经营活动，建立适合营销服务产业健康发展的运行机制。具体来说主要包括以下方面：

1. 产业政策机制

产业政策是推动文化创意产业发展的必要保障。我国各级政府应制定适合当地发展的产业政策，引导和推动文化创意产业实现协调、健康、可持续发展，尤其在文化创意营销服务及衍生品开发阶段，政府应给予大力扶持和资助。具体做法主要包括加大资金投入，在财税政策方面对从事文化创意产业营销和衍生品开发的企业给予倾斜，吸引更多企业进行文化创意产品的生产销售活动，以便进一步形成产业集聚效应；采取一系列资金扶持措施，通过多渠道筹措资金促进文化创意产业发展，有方向、有重点地实施资金支持，在经费上确保产业长期健康发展；给予文化创意产业优惠政策，带动全国文化创意产品生产经营的发展。有条件的地方也应出台推动文化创意产业发展的政策，如鼓励私人向文化创意产业投资，允许在文化创意产业的部分行业设立合资文化企业等。总之，政府要制定与文化创意营销服务相配套的一系列金融、财政、税收、外贸等产业政策，为该产业发展给予长期、持续的支持，以推动产业发展迈向新台阶。

2. 法制机制

加速文化立法进程，通过文化立法，把文化创意产业中的政治取向、经济手段、利益关系、组织管理方式和生产经营活动以法律形式固定下来，实现文化政策法律化，把整个文化创意产业管理纳入法制体系。

3. 监督机制

政府对文化创意产业管理很重要的一个方面是建立监督机制，这是文化创意产业有序发展、生产经营健康运行的重要保证。监督机制主要包括法律监督、舆论监督、群众监督等，尤其要充分发挥广大人民群众的力量，这是监督保障机制的一支重要力量。

（四）加快对文化创意人才的引进及培养

目前，我国文化创意人才紧缺，致使文化创意企业原创能力薄弱，自主研发的品牌缺乏，因此引进和培养文化创意人才是文化创意产业发展的关键因素。首先，要加大引进人才的力度，重点引进一批在国外从事该领域工作的优秀人才。其次，要建立人才多渠道培养体系，以保证文化创意产业发展所需的人才能够供给充足。具体而言，一方面要加强职业培训，另一方面国内相关高校要调整专业设置或专业方向，将原有的社会科学中某些过时的专业调整到能够适应文化创意产业发展需求的专业或方向上，例如可以开设创意、设计、传播等院系和专业，同时要进一步加强与海外相关高校及科研院所的交流合作，努力培养高层次、高素质的创意人才，为建设产业发展平台提供复合型的人才支撑。最后，要建立健全人才激励机制，为创意人才的工作、生活提供优良的环境。文化创意产业需要的人才要"三重复合"，即一要有文化创意素养和专业知识技能；二要会运用高科技技术，推进文化与科技融合，借助现代科技手段，发展文化创意产业；三要懂得传播和市场营销。而目前我国培养的相关人才大多是专一型的，而不是综合型的，文化创意产业真正需要的这种复合型人才，这并不是几年大学教育或短期专业培训就能培养出来的，必须经过长期的学习实践，需要社会各方面的共同努力与支持。

思考题

尽管文化创意产业充满着无限想象的空间，但如何深入挖掘文化创意产业的巨大空间却面临四大难题：

1. 如何将文创产业融合到人们的日常生活中？
2. 高新技术在文创产业中的地位到底如何？
3. 文创产业的跨界融合新模式有哪些新突破？
4. "沉浸式"似乎成了新的抓手，然而，我们该如何打造"沉浸式"业态？

参考文献

[1] 段嘉乐，王晖. 文化创意产业的融合动力机制研究：以北京市为例[J]. 现代营销，2020（7）：154-155.

[2] 龚雯轩，任婕. 我国博物馆文化创意产业发展的影响因素分析[J]. 中国商论，2020（19）.

[3] 国家统计局网站. 国家统计局解读2023年全国规模以上文化及相关

产业企业数据［EB/OL］．（2024-01-30）［2024-05-05］．https://www.gov.cn/lianbo/bumen/202401/content_6929148.htm.

［4］杭敏，黄培智．文创何以"出圈"：论传统文化的物质性转化与价值性延展［J］．新闻与写作，2024（2）：25-34．

［5］何岩．社会化媒体营销在文化创意产业中的应用研究［J］．传媒论坛，2020，3（4）：121-122．

［6］蒋园园．地方政府竞争、产业政策与文化创意产业发展［J］．财会通讯，2020（21）：92-95．

［7］李子妍，胥朝阳，赵晓阳，等．文创产业嵌入、行业开放度与制造业创新绩效［J］．科技创业月刊，2020，33（10）：21-27．

［8］昌红波，吴晓．基于地域文化资源利用的文化创意产业发展研究［J］．现代商业，2020（10）：73-74．

［9］毛丽娟，浩布尔卓娜．数字经济时代下文化创意产业发展路径研究［J］．黑龙江社会科学，2020（2）：56-60．

［10］盛洁．中国文化创意产业的现状及良性发展路径探究［J］．湖北第二师范学院学报，2020，37（7）：67-71．

［11］万玲．博物馆临时展览文化创意产业路径探索［J］．四川戏剧，2023（11）：142-144．

［12］王冲，易魁．创造与创新的融合：新基建对文化创意产业的涌现作用［J］．企业经济，2024，43（3）：50-59．

［13］王邵军，路畅．提升文化产业链韧性的理论探究与实践路径［J］．济南大学学报（社会科学版），2024，34（2）：114-123．

［14］徐飞，陈思熠，孔嘉．我国文化创意产业研究现状分析：基于CNKI（2003—2021）数据［J］．西南民族大学学报（人文社会科学版），2023，44（10）：215-224．

［15］于剑昀．新媒体技术下文化创意产业发展路径研究［J］．科技传播，2020（4）：150-151．

［16］张鸣鸣，邵争艳．政府补助、研发投入对企业竞争力的影响研究：以文化创意产业上市公司为例［J］．北京服装学院学报（自然科学版），2023，43（2）：94-100，107．

［17］张瑞．可循环经济背景下的文化创意产业管理与发展：评《文化创意产业理论与实践》［J］．中国教育学刊，2024（4）：112．

第五章　文化旅游产业

一、产业概况

文化旅游（简称"文旅"）产业是以旅游经营者创造的观赏对象和休闲娱乐方式为消费内容，使旅游者获得富有文化内涵和深度参与旅游体验的旅游活动的集合。文化旅游产业的发展大致经历了四个阶段：①萌芽期（1980年以前），文化旅游产业作为一种新业态在旅游业中萌芽；②培育期（1981—1999年），文化旅游产业开始在国际旅游市场中发展；③成长期（2000—2016年），文化旅游市场开始受到重视，2014年我国出台了大量政策文件；④高速发展期（2017年以后），新产业态已经形成，市场发展迅速，但同时在谋求创新发展路径。

相比于发达国家，我国文化旅游消费起步较晚，但我国丰富多彩的旅游资源和庞大的人口基数为文化旅游消费市场提供了巨大的市场潜力，现已成为国民经济中不可替代的组成部分，发挥着重要的作用。近年来，人们收入水平不断提升，精神需求增加，越来越注重旅游中的文化体验。旅游产业与文化产业融合是旅游产业、文化产业在外界多种因素的刺激下不断向对方渗透的互动发展过程。依据中华人民共和国文化和旅游部发布的2024年国内旅游数据，从分季度看，第一季度国内出游人次14.19亿，同比增长16.7%；第二季度国内出游人次13.06亿，同比增长11.8%；第三季度国内出游人次15.12亿，同比增长17.2%；第四季度国内出游人次13.78亿，同比增长13.2%。2024年，国内游客出游总花费5.75万亿元，比上年增加0.84万亿元，同比增长17.1%。其中，城镇居民出游花费4.93万亿元，同比增长18.0%；农村居民出游花费0.83万亿元，同比增长12.2%。[1] 在低碳经济时代，文化和旅游两大产业逐渐成为世界主要国家优先发展的"绿色朝阳产业"。

---

[1] 《2024年度国内旅游数据情况》，中华人民共和国文化和旅游部，2025-01-22，https://zwgk.mct.gov.cn/zfxxgkml/tixx/202501/t20250121_958012.html。

为破解旅游产业与文化产业融合发展所面临的行政管理体制的束缚，2018年3月，国家对最高旅游行政管理机构进行了改革，将原来的文化部和旅游局合并为一个机构，组建国家文化和旅游部，以便更好地协调旅游管理机构与相关部门的业务，提升部门间的沟通效率，客观上为旅游产业与文化产业融合发展创造了良好的制度环境。"十二五"时期，文化产业作为"国民经济支柱产业"，与同样作为"战略性支柱产业"的旅游业有越来越多的融合发展，其中，文化旅游产业是挖掘地方文化、完善旅游产业、促进经济结构调整、撬动地方经济腾飞的重要发展方向。

我国文旅产业发展受三个因素影响：一是进入新时代，人们的消费意识不断转变，消费能力不断提高，旅游消费成为人们日常消费的一部分；二是国家政策支持力度大，为发展以旅游产业为主的第三产业创造了条件，旅游产业逐渐成为我国新兴支柱产业；三是持续优化经济结构、创造更多绿色收益，需要我国大力发展文旅产业，从而推动我国经济可持续发展。文化旅游产业的主要类型可以分为主题游乐型、景点依托型、文旅小镇型及度假酒店型，具体如表5-1所示。

表5-1　文旅产业的主要类型

主题游乐型	用主题公园带动配套商业和地产项目是这一类型的主要模式，温泉、高尔夫、滑雪等休闲运动主题的项目也与此异曲同工，"观澜湖模式"即为代表。这种模式深受一些地方政府欢迎，低廉的拿地成本、市场热情支撑下的稳定门票收益、配套商业及地产项目的快速回现，使现金流很容易得到平衡
景点依托型	品牌开发企业在景点周边所做的优质商业生活配套，很容易给一个景点或周边欠发达地区带去生机与活力。可赋予自然资源更多的魅力，在原有的旅游资源上打造多样性的产品，还可适当融入一些体验性文化商业设施
文旅小镇型	文物遗存、特色民风民俗和悠闲的古镇生活，可以为旅游开发大大加分，开发者往往不需要投入规模巨大的硬件，而需投入更多的软件。在城镇化趋势下，更多风格迥异、各有千秋的文旅小镇将被挖掘出来，市场机会巨大
度假酒店型	传统度假酒店除可以满足基本居住生活需求外，这类产品还有更多的艺术文化元素，拍卖、会议、影视等多样的收入渠道和灵活的租售方式使房地产企业不需要再进行住宅开发即能保证收益，在跑马圈地的旅游地产高峰期实现了小而精的成功

资料来源：根据公开资料整理。

第五章 文化旅游产业

2022年11月8日，中国旅游研究院（文化和旅游部数据中心）发布了《2022年上半年全国文化消费数据报告》。专项调研显示，2022年上半年，90%的受访者会在旅游中进行文化消费活动，其中，文化熏陶和艺术体验（53.1%）、文化场馆参观（42.0%）、观影欣赏（29.7%）、群众文化体验（广场舞、大合唱等）（27.2%）、传统文化体验（非遗、节庆活动等）（21.4%）、科技动漫（网络视听、数字阅读、机器人、虚拟现实）（15.3%）等体验方式日益多元化。文化体验有效带动了消费，51.7%的受访者文化消费支出占旅游总花费的10%~30%，35.2%的受访者文化消费支出占旅游总花费的30%~60%。游客对美好目的地的期待不再局限于自然风光，异域文化、人文风情、市井烟火成为休闲消费的重要选项。2023年，国内出游人次48.9亿，同比增长93.3%。其中，城镇居民国内出游37.6亿人次，同比增长94.9%；农村居民国内出游11.3亿人次，同比增长88.5%。国内游客出游总花费4.9万亿元，同比增长140.3%。其中，城镇居民出游花费4.2万亿元，同比增长147.5%；农村居民出游花费0.7万亿元，同比增长106.4%。（图5-1）

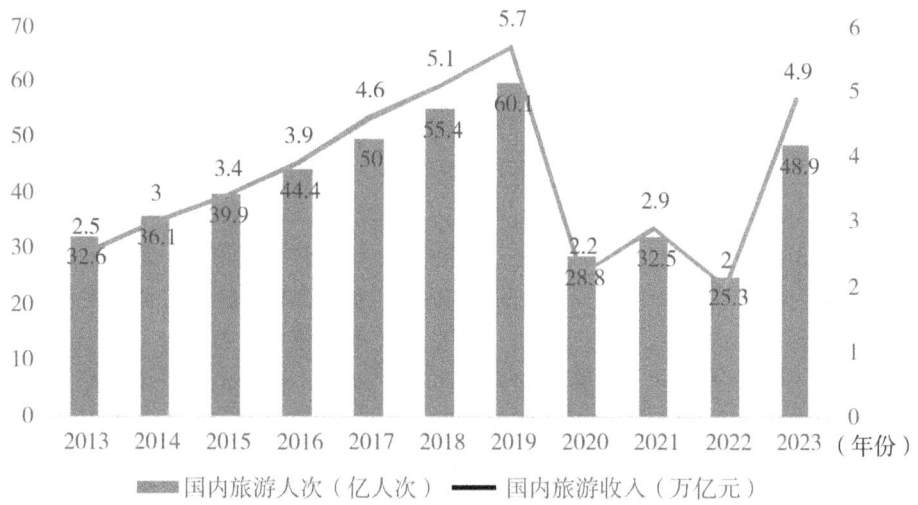

图5-1　2013—2023年国内旅游发展情况

资料来源：中华人民共和国文化和旅游部政务公开。

作为我国大力扶持的第三产业新模式，文化与旅游两大产业的融合发展对促进整个国民经济的发展升级和结构转型有着重要意义。但随着景区商业化趋势明显增强，高消费差体验的现象俨然成为文化旅游业的一大痛点，文化旅游的目的也从放松享受开阔视野变成炫耀式打卡。同时，产业组织矛盾使我国文化旅游市场竞争激烈，产品同质化严重，很难起到体现城市文化特色的作用。另外，我国在文化旅游产业资源配置效率等方面水平较低，制约着我国文化旅游产业发展。因此，我国文化旅游产业仍存在许多问题。

二、产业属性

（一）市场需求弹性

随着可支配收入的不断增加和生活水平的提高，人们对旅游的需求越来越大。2020年，我国实现全面建成小康社会，人们更加追求生活质量，对旅游的需求越来越多地注重文化内涵、文化消费。同时，国家出台的相关政策也极大地助推了文化旅游产业的发展。尽管如此，文化旅游容易受到突发事件的影响，同时具有季节性，例如在节假日，旅游人数急剧增长带来价格上涨，因此价格弹性较大。

（二）市场需求增长率

2020年一场突然袭来的疫情，给旅游产业带来了重创。但值得注意的是，文化旅游产业在政策的扶持与引导下稳步恢复。根据国务院文化和旅游部发布的数据，2023年国内旅游人数48.9亿，比2022年增长23.61亿，同比增长93.3%；国内旅游收入4.9万亿元，同比增长140.3%。同时，疫情影响下的短视频平台流量快速增加，通过文化元素的传递带动地区旅游行业的发展，大众都参与到文旅内容的二次创作中。西安的大唐不夜城在抖音上的点击频率、讨论热度等曾居高不下。许多网友为了体验，前去"摔碗酒""毛笔酥""不倒翁小姐姐"等网红景点打卡。数据显示，"不倒翁小姐姐"走红之后，西安大唐不夜城旅游热度同比上涨420.77%。

（三）产品的短期成本结构

文化旅游产业的短期成本结构和文化旅游企业提供的服务产品类型有很大的关系。有一些文化旅游产业涉及文化旅游资源的开发、高新技术的运用以及定制化服务等，此种类型前期投入相对较大，需要保证有足够的客流量才能收回成本并长期经营。

三、市场结构分析

（一）市场集中度

目前国内文化旅游市场的上市公司主要有西安旅游、众信旅游、丽江股份、黄山旅游、九华旅游等。2020年的上市公司数量较2019年有所提高，我国文化旅游产业市场集中度进一步加大。由于我国的文化旅游业关联度较大，每个企业的市场份额较小，该行业为竞争型行业。因此，根据贝恩的产业结构标准，我国文化旅游业的市场集中度仍然较低，还不是文化旅游强国。

（二）产品差异化程度

目前，我国文化旅游企业提供的产品和服务缺乏独特性，消费者对其产品的忠诚度及偏好性较低。同时，我国的文化旅游产业产品差异化小，市场竞争激烈。这主要是因为各地在发展文化旅游业时没有准确把握地方特色，产品缺乏创新性，因此很难保持差异化，游客难以辨别不同文化旅游企业所提供的产品。

（三）进入和退出壁垒

我国文化旅游产业一般是进入壁垒较低，而退出壁垒相对较高。在成长初期，市场因具有超额利润而吸引大批企业进入，此时进入壁垒较低，能真正影响市场的经营规模还未建立。地方政府为了振兴经济，出台相应的政策来刺激文化旅游业的发展，降低文化旅游业进入门槛，资本、技术进入壁垒相对较低，从而导致文化旅游市场过度进入。企业退出要进行资产转让、转为他用，常受产品的专用性和沉淀成本、法律法规、员工解雇成本等因素的影响。由于文化旅游企业难以转入其他行业，企业沉淀成本大，加之制度的不完善，其退出市场的克服的困难较多。因此，文化旅游产业的退出壁垒较高。

四、市场行为分析

（一）价格行为

我国文化旅游企业规模小，文化旅游产业的增长速度快于文化旅游人数的增长速度，以致供求失衡。文化旅游企业数量增加非常迅速，文化旅游产品也大多雷同、缺乏创新，企业间为了弥补成本而进行低价竞争，使整个文化旅游业利润水平低于平均生产成本，市场主导者通过掠夺性定价，吓退潜在进入者。消费者在选择产品时往往把目光集中在价格上，容易使文化旅游企业进行价格竞争，进而导致过度价格竞争的市场行为，部分文化旅游企业在短期内通过价格竞争满足消费者需求。

（二）广告行为

广告竞争是一种非价格竞争方式，能够形成产品差别化，进而提高市场集中度，形成进入壁垒。用广告密度来衡量广告强度，可以降低消费者搜寻成本，克服劣质品问题。在广告宣传方面，我国文化旅游企业除了依托旅行社进行广告促销外，还以媒体广告、宣传视频及纪录片等方式宣传。但从总体上来说，部分企业没有认识品牌竞争的重要性，推出的广告多属消费诱导型，不利于长期发展。目前已有越来越多的企业对文化旅游产业进行战略性、品牌性、长久性布局。

（三）市场策略

我国文化旅游产业主要有五种市场策略，分别是文化旅游行业绿色营销，强调环保、低碳、无公害；创新营销，通过文化旅游创新服务，设计和倡导新的文化旅游理念；整合营销，通过整合文化旅游市场服务，进行"打包"营销；消费者联盟营销，通过构建文化旅游消费圈，形成消费联盟；文化旅游连锁经营营销，采用连锁直销、渠道销售的模式。

（四）技术进步行为

在数字科技时代加速发展的背景下，全国旅客对个性化体验的需求都显著提升。《全球数字旅客调研》显示，44%的各年龄段受访者表示增强虚拟现实技术对旅游业来说具备价值。市场分析机构 Greenlight Insights 发布的 VR 线下市场调查报告"Location-based Virtual Reality Industry Report"显示，全球范围内，VR 线下娱乐的场馆数量在 2019 年增加至超过 13000 个，2023 年增加至超过 24500 个。在国内多措并举促进疫情防控常态化下旅游业健康发展的过程中，科技发挥了关键的作用。"科技+旅游"的数字化转型在某种程度上使文旅产业化危为机，加速文旅产业转型升级。从云计算、物联网、AR/VR 等技术条件看，旅游业技术创新的数字商业基础设施已初步具备。景区智慧化管理、创新的消费场景、新鲜的体验方式背后的技术进步，都是文化旅游企业提高自身竞争力的关键。

五、市场绩效分析

（一）资源配置效率

我国市场整体规模增长迅速，但企业资源未被充分利用，文化旅游企业的利润率较低。文化旅游产业目前处于竞争状态，旅游资源的增长速度大于文化旅游人数的增长速度。旅游资源闲置，导致资源配置效率低下。一方面是一味注重旅游资源的开发，而忽略了对固有的旅游资源的深度利用；另一方面是盲目跟风导致产品同质化严重。旅游资源开发人员盲目跟风，无法利用自身的创意提高效益，而在开发的过程中，忽略市场容量和环境、生态的承受能力，最终导致旅游资源的收益较低，甚至出现亏损。

（二）规模结构效率

近年来，我国文化旅游企业的数量和收入均在增加，然而由于经营管理不善和竞争激烈，利润率却在下降。根据国家文化和旅游部《中华人民共和国文化和旅游部2019年文化和旅游发展统计公报》，2019年，文化和旅游事业费占财政总支出的比重为0.45%，比2018年增长0.03%。与此同时，由于文化旅游市场的产业集中度低，未达到规模经济的中小文化旅游企业是文化旅游市场的主要提供者，难以发挥规模经济优势，资源利用效率低下，由于差异化竞争动力不足、缺乏创新性，这些企业难以满足文化旅游市场的个性化消费需求。

六、产业未来发展趋势

全面建成小康社会为文化旅游发展提供了重大机遇，人民日益增长的美好生活需求对文化旅游高质量发展提出了新的要求，文化旅游消费的快速增长彰显出我国文化旅游产业创新发展的巨大潜力。

（一）"文旅+"带动融合发展

未来几年，"文旅+"将成为构建现代文化产业体系的重要路径。文旅业与关联行业相互联系、相互依存，"文旅＋"理念将产生新的价值目标，即文旅业将联合其他行业构建跨行业的命运共同体，共同发展、共赢共享。"文旅＋互联网"模式将创新市场营销体系、开拓增量市场；"文旅＋农业""文旅＋科技"模式将优化产业供给体系，延长产业链条；"文旅＋医疗康养""文旅＋线上娱乐""文旅＋远程办公""文旅＋人工智能"等模式，将促进多元业态的复合发展、激发产业活力、拓展文旅发展新领域。

（二）消费增长引领品质提升

国家统计局公布的数据显示，伴随全面建成小康社会的进程，居民可支配收入增加，我国已迈入大众文化旅游新时代。党的二十大报告提出要"把实施扩大内需战略同深化供给侧结构性改革有机结合起来"，全面促进消费。大众文旅需求快速增长、高净值人群增多，意味着消费市场规模扩大的同时，消费需求呈现向品质化、中高端化转变的趋势。随着自驾游群体占据越来越多的市场份额，个性化、品质化、定制化消费将受到更多人青睐。消费者将更加注重舒适的消费体验、优质的消费环境、完善的要素供给和高质量的客户服务。

（三）科技赋能驱动智慧发展

数字经济将加速公共文化数字化和文旅产业数字化的进程，科技赋能驱动文化和旅游智慧化发展。新科技在文化和旅游领域有着丰富的应用场景，融合5G、AI、VR、AR、8K等技术可以创造出全新的文旅业态，提供全新的消费体验。"云看展""云视听""云旅游"的流行正加速线上文旅消费取代线下消费的进程；运用大数据和云计算技术研判客源市场、分析消费者喜好、进行精准营销将在全行业普及；利用门票智能预约技术将有效控制文化场馆和景区的客流，提升公共文旅服务的智能化水平；依托新基建的"数字文旅""智慧文旅"建设将成为文化和旅游创新与发展的重要手段。

（四）全域旅游引领提质增效

2020年，随着两批国家全域旅游示范区名单的公布，全域旅游建设进入了新阶段。在文旅部门全新组建的背景下，全域旅游建设将对深化文旅供给侧结构性改革、释放文旅消费潜力、促进区域经济社会协调发展起到积极作用。统筹推进全域旅游建设，引领文化旅游业提质增效、转型升级将成为趋势。全域旅游将为区域发展探索新的路径，包括产业联动创新发展、城乡统筹协调发展、生态文明绿色发展、体制机制开放发展、公服配套共享发展等，有助于从供给和服务层面解决人民日益增长的美好生活需要和不平衡不充分的发展之间的矛盾。

(五) 市场创新推动品牌 IP 化

IP 是互联网时代的产物。随着生产性服务业向专业化和价值链高端延伸，文旅品牌 IP 化发展的趋势日益明显。随着市场消费升级，具有独特形象、长久生命力和商业价值的文旅 IP 将吸引更多人的关注。文旅 IP 是主题产品文化内涵的凝练。成功的 IP 能够自带流量、培养粉丝社群、实现资源变现和产品增值，其在品牌授权和衍生品开发领域也蕴藏着巨大的市场潜力。近年来，诸如故宫、迪士尼乐园、花间堂酒店这样的超级文旅 IP 不断涌现，历史名人、传说故事、文化遗产、旅游景区、特色农产品资源开发将迈入"万物皆可 IP"的新时代。文化赋能旅游带动产业发展，文旅消费将更加注重产品本身的人文内涵和感知体验，文旅品牌 IP 化将成为文化场馆建设、新兴景区开发和文创产品设计的流行趋势。

七、产业发展困境

经过多年的融合，目前我国文化旅游产业得到了较快发展，在产业规模、产业竞争力、社会效益和经济效益等方面都有显著提升。但是，由于我国文化旅游产业发展较晚，相较于发达国家而言仍处于初级发展阶段，在发展过程中仍然存在诸多问题和短板。

(一) 对文化旅游产品的文化内涵挖掘不深

文化是旅游的灵魂，更是文化旅游的精神内核。目前，很多地区在开发文化旅游产品时，对旅游目的地及旅游产品所蕴含的文化内涵认识不清、定位不明、思考不深，在进行文化旅游资源的开发时更注重其商业价值，导致开发的旅游产品与实际区域文化内涵融合度差、联系不紧密，进而降低了文化旅游消费者的旅游体验，不利于文化旅游产业长期、可持续发展。

(二) 文化 IP 的打造存在缺失和不足

文化 IP 是文化旅游宣传和营销的有效依据。近年来，各种动漫、影视、短视频、音乐等文化产品带火了大量的文化旅游胜地，但相关从业人员对这类相当具有流量和热度的文化 IP 认识不足，缺乏对文化 IP 打造的意识、经验和敏感度。这反映出文化旅游目的地的从业人员对新时期旅游者的行为和意识认识不到位，对新时期市场营销渠道和手段的变化认识不清。

（三）旅游产品文化创意不足

别具一格的文化创意才能抓住游客的眼球，它要求从业人员积极挖掘文化的创意表现形式、创意展示手段和创意营销渠道。随着现代科学技术的发展，消费者对文化和产品创意有了更深刻的认识和体验，旅游目的地常规的文化创意已经难以打动消费者或给他们留下深刻印象。这就要求从业人员进一步挖掘文化资源，创新文化表现形式。但从目前来看，部分文化旅游企业为占据更大市场，采取掠夺性定价，甚至不惜使定价低于产品开发的成本。

（四）文化旅游产业的营销能力不足

网红打卡、热度、热搜、流量是现阶段衡量某一事物是否被大众接受的重要指标。我国很多文化旅游目的地本身就是热点和流量的诞生地及孕育场所，但较少有文化旅游目的地能主动抓住这些热点和流量进行正面的营销与宣传。这说明目前不少文化旅游企业和文化旅游目的地的从业人员整体营销敏感性差、营销能力不足，不能积极利用热点进行宣传。

（五）文化旅游产业发展的资金和人才缺乏

人才和资金是文化旅游产业发展的关键性要素，但目前不少文化旅游企业面临融资约束问题，且高端人才匮乏是导致文化旅游产业文化内涵挖掘不深、文化IP打造不足以及营销能力差的重要原因，未来需要积极采取措施弥补人才和资金方面的不足。

八、产业政策建议

（一）加大政策扶持，助推文旅产业复苏

为了减轻企业负担，我国文化和旅游部印发了《关于暂退部分旅游服务质量保证金支持旅行社应对经营困难的通知》，以缓解文旅企业现金流不足的压力。2020年，财政部针对受疫情冲击巨大的困难企业出台"2020年度发生的亏损最长结转年限由5年延长至8年"等税收和金融政策。各省（自治区、直辖市）也陆续出台了积极支持文旅企业复工复产的实施意见和若干措施。

一方面要增强政策支持精准度。文旅部门要进一步深入调研,及时发现企业出现的问题与情况,因地制宜,制定惠企政策。另一方面,要强化政策支持效度。众多文旅企业因个体差异出现进度不一、成效有别属于正常现象。应进一步加强统筹协调和强化市场监测,合理确定政策支持的时间跨度,以帮助绝大多数受困文旅企业恢复运营和发展。

(二) 出台刺激政策,激活文旅消费市场

面对公众对文旅消费的信心和欲望不强的局面,一些省份和地区推出了文旅消费优惠活动。但需要注意的是,出台文旅消费刺激政策,一方面应把握人民性原则。文旅消费刺激要坚持以人民为中心,以满足人民群众美好文旅消费需求为导向,以广大民众"游得舒心,玩得开心"为目标,避免仅仅为了帮助文旅企业走出困境制定相关政策而出现"企业开心,百姓糟心"的不良局面。另一方面应注重适度性原则。与此同时,还要考虑热门景区的承载力,实现合理分流。

(三) 融合高新技术,为文旅产业发展赋能

随着以5G技术为代表的新型数字基础设施建设快速推进,数字经济正成为引发我国新一轮经济增长的重要引擎。后疫情时代,我国文旅产业实现提档升级需要将数字化应用作为重要切入点和突破口。因此,一要进一步加强文旅领域数字基础设施建设,夯实数字文旅发展的硬件基础;二要鼓励文旅产品智能化升级,打造更多数字化体验产品,丰富公众文旅消费体验;三要以数字技术为黏合点,实现线上与线下统一、传统与现代结合。

(四) 结合各级教育,丰富文旅产业内涵

"学"与"游"具有天然的耦合关系,"寓教于游""寓教于景"是文旅与教育融合的重要表现形态。一是将研学旅行纳入学校教育教学计划,开发小学阶段以乡土乡情为主、初中阶段以县情市情为主、高中及大学阶段以省情国情为主的研学活动课程体系;二是形成和完善各级学校研学文旅活动常态化的制度,畅通学校与文旅部门对接的机制;三是大力加强研学旅游示范基地建设,积极打造研学旅游精品线路。

(五) 并肩乡村振兴,共同发展

新时代乡村文旅实现高质量发展要凸显个性化、特色化方向,坚持"农

耕文化注魂，秀美田园添韵，古朴村落塑形，创新创意引路"的发展思路。首先，要加强乡村休闲旅游地的设施建设，包括餐饮、住宿、停车和公共卫生等，强化农村人居环境整治，持续开展综合治理。其次，要守住永久基本农田不被占用的底线与红线，充分释放农村存量建设用地活力，支持乡村文旅产业项目建设。最后，要完善乡村文旅产业标准，规范乡村文旅服务流程，提升乡村文旅服务品质。

思考题

在我国推动文化产业数字化的背景下，沉浸式产业与文旅产业的发展之间存在着怎样的联系？

参考文献

[1] 邓爱民，韦银艳，粟红蕾．中国文旅产业：疫情影响与全面振兴：中南财经政法大学博士生导师邓爱民教授访谈［J］．社会科学家，2020（4）：3－8，161．

[2] 个人图书馆．2021上半年全国文化消费数据报告［EB/OL］．（2021－07－12）［2024－05－05］．http://www.360doc.com/content/21/0726/14/35389236_988259891.shtml．

[3] 侯兵，黄震方．文化旅游实施区域协同发展：现实诉求与路径选择［J］．商业经济与管理，2015（11）：78－87．

[4] 李臻．对外开放背景下我国文旅产业发展趋势分析［J］．人民论坛，2019（26）：80－81．

[5] 龙井然，杜姗姗，张景秋．文旅融合导向下的乡村振兴发展机制与模式［J］．经济地理，2021，41（7）：222－230．

[6] 马胜清．文化产业与旅游产业融合机理及经济效应［J］．社会科学家，2021（5）：101－106．

[7] 秦璇．我国文化旅游产业发展研究：评《中国文化旅游发展之路》［J］．广东财经大学学报，2021，36（3）：113－114．

[8] 王世伟．高质量视域下文旅融合实践的忧虑与思考［J］．图书馆建设，2021（4）：12－19．

[9] 闫祥青．"十四五"时期文化和旅游的发展趋势与挑战［J］．人文天下，2020（23）：9－13．

[10] 中华人民共和国文化和旅游部．2020年文化和旅游发展统计公报

[EB/OL]．（2021-07-05）[2024-05-05]．http：//zwgk.mct.gov.cn/zfxxgkml/tjxx/202107/t20210705_926206.html.

[11] 中华人民共和国文化和旅游部．2023年文化和旅游发展统计公报[EB/OL]．（2024-08-30）[2024-10-15]．https：//zwgk.mct.gov.cn/zfxxgkml/tjxx/202408/t20240830_954981.html.

第六章 养老地产

一、产业概况

《"十四五"国家老龄事业发展和养老服务体系规划》正式发布,该文件不仅意味着银发经济的发展、养老服务体系的构建蓝图,更因为明确制定了支持发展养老服务业的土地政策,和以多种方式供应养老服务设施用地,给养老地产解决了发展中的核心问题。

养老地产是指在人口老龄化日益严重背景下,由房地产开发企业或相关的社会机构推出的适宜老年人居住、符合老年人心理特点及生理特点并能够满足老年人社会活动需求、为老年人的健康提供良好基础设施保障的老年住宅产品,也被称为"银发经济"的产物。这类老年住宅产品是指可以使老年人获得经济支持、生活照料以及精神慰藉等基本内容的居住场所,与传统的普通住宅有着较大区别,具体如表6-1所示。

老年消费者的主要经济来源是子女或亲属供养,老年人离、退休金和劳动收入以及社会保险和救济。老年人的经济收入状况是决定老年市场规模和容量的关键因素。预计至2030年,仅退休金一项就将达73219亿元。

截至2020年底,已有至少11个国家的40家公司进军中国养老市场,遍布17个省份,已建成44个项目。比如,澳大利亚最大老年生活社区业主、运营商和开发商联实(Lendlease)在中国的首个养生享老旗舰项目——逸浦荟选在了上海青浦,该项目已于2020年底正式开售。而外资基金的这些举措,正是基于看好中国市场的前景,积极提前布局。国内该行业中主要的上市企业包括万科地产、保利地产、华润置地、首创置业、绿地控股等,主要房地产企业在进军养老产业时也占据着不同的领域和类型。在经济发展、国家政策扶持及人们观念转变等多重因素的推动下,养老地产作为房地产行业的一支生力军,目前已经成为房地产市场日渐重要的组成部分,但也存在一些问题。

表6-1 养老地产与普通住宅的几大区别

内容	养老地产	普通住宅
功能	养老地产的一般功能是为中老年人群提供养老、养生、医疗、康复等核心服务，满足中老年人人群的多元化养老需求。同时，养老地产还可以承载其他功能，例如餐饮功能、娱乐功能、休闲功能、商务功能、社交功能、教育功能、农业采摘功能等	住宅是指专供居住的房屋，包括别墅、洋房、公寓、职工家属宿舍和集体宿舍、职工单身宿舍和学生宿舍等。功能较为单一，主要是满足人们的居住需求，为人们提供一个能够遮风挡雨的休憩之所
客户	包括养老地产各功能板块的投资商和运营商，如养老运营机构、医疗运营机构、教育运营机构、餐饮运营机构、生态农业运营机构、商业运营机构，还包括目标消费者（老人）及其子女等群体	一般分为两类，一种是投资型客户，一种是自用型客户。投资型客户依靠买后出租及房产升值获利，而自用型客户则是买后自用（不论是过渡型居住还是永久性居住）
操作性	养老地产在销售或出租后，不能直接进行消费，需要组建各板块的运营团队才能服务于老人，实现养老地产"软硬结合"服务的价值。养老运营团队持续提供高品质的服务能力是至关重要的环节	对于住宅而言，开发商在完成销售后即视为基本履行完毕其主要任务，住宅的使用价值就开始在消费者手中体现
要求（建筑装修）	养老地产对建筑的楼层、坡度、通道宽度、扶手、消防、房间面积、风雨连廊、无障碍设施、适老化设计、医用电梯等均有细致的要求	普通住宅对建筑物要求相对简单，能满足居住、停车、散步、安全等功能即可，对层高、荷载等的要求也不高，而且标准已经非常成熟
销售模式	养老地产的形式多样，一般而言分为两大类、多种模式。第一类："销售+持有"模式，包括普通公寓和别墅，用于销售，是回收资金的主要产品，并对持有型物业形成了支持；老年公寓嵌入普通适老化社区，可租可售；养护院主要接收不能自理的老人，持有经营的物业，同时对住宅的销售起到促进作用，增加了产品的丰富性。第二类：全部持有模式。持有型养老地产项目的产权仍在经营者手里。目前常见模式有四种：押金制、会员制、保单捆绑制、出售使用权	住宅的销售模式较为简单，通常为直接销售，买卖两清

续表

内容	养老地产	普通住宅
投资回报形式	对于开发商而言，养老地产的投资回报形式有四种：一是一次性销售获利，二是后期持续经营收益，三是物业升值，四是资本市场收益。经营收益和物业升值是养老地产投资回报的最主要形式	普通住宅的投资回报主要通过销售来实现

资料来源：根据公开资料整理。

二、产业属性

（一）市场需求增长率

目前，我国仍处于积极应对人口老龄化的战略机遇期，虽然已经开始出现老年专项市场，但该市场对养老地产的需求量并不大，加上养老人群的收入水平普遍不高以及养老消费理念较为落后（即主要依赖儿女），致使养老地产仍处于发育期。养老市场的成熟以及企业发展的需要，也将促进政府完善养老政策。政府不仅会健全养老社会保障制度，让老年人放心消费，还将在拿地、金融、经营等方面给予支持，为企业发展提供良好的外部环境。根据民政部统计，截至 2023 年底，我国各类养老床位 823.0 万张，比 2022 年增长 0.5%。通过年度提升行动项目，居家和社区基本养老服务累计建成家庭养老床位 23.5 万张、为 41.8 万老年人提供家居养老上门服务，累计完成困难老年人家庭适老化改造 148.28 万户。①

（二）产品的短期成本结构

从成本端来看，土地成本方面受限于以招标、拍卖、挂牌为主的土地供应方式，成本较高。资金成本方面，国家鼓励的政策性贷款、专项债券、保险资金及现有金融工具均不能成为主流的资金供应渠道。不同于普通社区，养老地产涉及领域广泛，包括餐饮、文体、地产、医疗等方面，并非养老和地产的简单相加。作为为老年群体量身定制的社区，养老地产在社区配套、服务质量、硬件设施上的要求明显高于其他商品住宅。慢速电梯、无障碍通道等特殊设施

---

① 《2023 年度国家老龄事业发展公报》。

的建设增加了养老地产项目的投资成本,老年大学、医疗中心等高端配套也使得养老地产投资成本骤然增加。高成本投资使得养老地产价格高涨,众多养老型公寓社区采用"只租不售"的运营方式,高租金使得相当一部分养老人群难以承受。而租赁方式也给开发商制造了难题:资本回报慢、周转慢,这就对开发商的资金链保障提出了更高的要求。投资成本高,资金回笼速度慢是开发商必须面对和解决的难题。

三、市场结构分析

(一) 市场集中度

目前,以地产、保险和医疗保健为主的诸多企业均积极布局养老地产,但仍处于探索阶段,布局项目效益较低,尚未出现占据绝对市场份额的行业标杆与模板。若选取养老服务床位作为测度指标,根据民政部的统计数据,截至2024年12月,全国由社会力量提供的养老服务床位约500万张。① 以深耕养老地产市场多年、2019年地产企业排名第二的万科企业股份有限公司为例,其储备带床位项目超过50个,可提供床位约1.5万张,即使全部投入使用,市场份额也仅为0.5%;其余位于市场前列的企业如泰康人寿、中国太平洋保险等项目布局情况类似。

根据日本著名产业经济学家植草益的市场结构分类标准可知,我国养老地产市场行业集中度较低,整体而言不构成垄断。但也有学者认为,地产产品的不可移动性使之无法在全国范围内流通,产品竞争实际上只发生在同地理区域内的地产企业之间,强调地产市场的区域性。综上所述,目前我国养老地产市场尚未形成规模,行业集中度低,属于竞争型市场;但养老地产产品空间上的不可移动性限制了竞争范围,加之存在市场壁垒和企业竞争行为,使市场结构在一定区域内表现为寡头垄断。

(二) 产品差别化

围绕老年群体各异的养老需求,我国养老地产市场形成了差异化的养老地产产品。从已布局的养老地产项目来看,市场上已经初步形成覆盖老年群体多

---

① 《我国累计建成养老床位820.6万张》,中华人民共和国民政部,2024-01-15,https://www.mca.gov.cn/zt/n2782/n2788/c1662004999979997216/content.html。

样养老需求的多元化产品结构。基于产品开发运营全过程角度，养老地产产品的差异性体现在开发模式、运作模式、服务类型等方面。

1. 开发模式

养老地产产品的开发模式主要包括专门综合型养老社区建设，即为老年群体专门开发、建设配套设施完备的居住社区；与社区共同建设，即在已规划社区内嵌入养老服务或养老设施；与相关的各类专业服务设施结合建设，如医养结合、教养结合等；和旅游产业结合建设，充分利用文化及地理资源。（表6-2）

表6-2 养老地产的开发模式

社区共同建设	模式一	专门建设综合型养老社区
	模式二	新建大型社区的同时，开发养老组团
	模式三	在普通社区中配建各类养老产品
	模式四	在成熟社区周边插建多功能老年服务设施
相关设施并设	模式五	与医疗机构结合，就近设置养老设施
	模式六	养老设施与幼儿园并设
	模式七	与教育设施结合，建设养老公寓
	模式八	在旅游风景区中开发养老居住产品
	模式九	与商业地产结合，开发老年公寓
	模式十	引入外资，建设世界型连锁老年设施
	模式十一	与国际知名养老品牌共同开发，引进先进的管理模式
	模式十二	与保险业结合，利用险资投资养老地产
	模式十三	与护理服务业结合，将原有优势注入养老地产
	模式十四	利用自身独特资源转型开发养老地产
	模式十五	盘活旧的国有资产，改造老年设施

资料来源：根据公开资料整理。

2. 运作模式

我国养老地产的运作模式主要有销售型、持有型和租售结合型。销售型模式延续了普通地产的开发逻辑，只是给产品增加了适老化设计或者嵌入养老服务中心，通过销售物业来回笼资金且无需后期运营。持有型模式是指经营者持有项目产权，出售使用权给消费者，通过长期运营可以获得持续稳定的回报。租售结合型模式则是综合前两种模式，其中销售部分是回收资金的主力，可对持有部分形成资金支持。

3. 服务类型

养老地产开发的核心环节为养老服务，国内现有养老服务类型多种多样，包括居住、医疗护理、教育学习、文化娱乐、商业等。针对各类目标客户群体，不同养老地产产品所提供的服务组合也各有侧重。

(三) 进入与退出壁垒

1. 进入壁垒

对于养老地产市场，进入壁垒主要包括政策壁垒、思想壁垒和资金壁垒。

在政策壁垒方面，养老地产相关的行业标准，包括建筑设计标准、服务安全标准、设施设备配置标准、适老化改造标准、服务规范标准。

在思想壁垒方面，"家"的观念、"养儿防老"是中国传统的思想，居家养老已经深入老年人的心，到养老机构养老被不少人认为是因为儿女不孝才被迫而为。如今的老一辈都持着勤俭节约的理念，不愿购买养老服务，尤其对高质量的养老地产及服务接受能力较低。

在资金壁垒方面，养老地产前期的项目建设与配套设置的购置与完善需要大量的资金投入，对企业资金的持有量要求较高；在后期养老地产的宣传、养老服务的一系列投入中，资金的投入与产出回报需要较长的时间，这对企业的资金与融资能力提出了较高的要求。

2. 退出壁垒

养老地产的用地性质一般多为商业、医疗，土地成本高，项目运行投入的配套设施多，这就导致养老地产在投入建设期的成本高，在后期也需投入相应的人力与物力，因此养老地产的开发与建设会由于大量的沉没成本而难以退出。在此背景下，轻资产运营模式逐渐受到企业关注。该模式下，企业通过改造存量资产进行产品开发，减少资金投入，开发周期短，降低了退出市场的风险。

四、市场行为分析

（一）价格行为

1. 定价行为

养老地产市场具有较强的区域性，企业获取信息不对称且相互影响，因此企业并不具备完全的定价自由，主要采取买者价格歧视定价策略。企业根据消费者的年龄、护理程度、资产情况等进行市场细分，提供差异化的养老产品，进而实现价格差异化。由于经济、医疗和地理资源的差异，以北上广深为中心的三大都市圈（京津冀都市圈、长三角都市圈和珠三角都市圈）以及地理气候条件优渥的川渝经济圈的养老地产市场发展较快，项目分布相对集中。鉴于这些区域内老年群体相对较高的资产水平和多样化的养老需求，收费高、服务多样、质优的高端型养老产品成为企业布局的主要方向。

2. 价格竞争行为

就价格竞争而言，单纯的"价格战"在养老地产市场还不甚明显。一是市场成熟度不高，且项目开发成本高而回收期长，各企业的养老地产项目布局效益不明显，"价格战"会加大养老地产项目的开发风险；二是高比例可变成本的成本结构使得企业进行价格战的空间较小。但是不同的养老产品支付价款和形式不同，呈现变相的价格竞争。而降低巨额沉没成本的风险、获取盈利等因素则成为养老地产市场主体价格合谋的动力。我国在京津冀、长三角、珠三角以及川渝地区形成四个养老地产集群区域，区域内养老地产产品售价普遍较高，消费者对价格影响较小，不可否认这其中有价格合谋的存在。

（二）非价格行为

1. 产品行为

养老地产企业的价格合谋行为倾向弱化了价格竞争，刚性生产能力约束使得产量竞争难以展开，因此非价格竞争行为更加激烈。为满足不同养老群体的需求，各企业在养老地产产品开发上探索良多，如医养结合、学养结合、旅养结合、险养结合。但大多数企业还是延续了普通地产项目的开发逻辑，通过开发售房进入养老地产行业，利润重心仍以物业租售为主，养老服务环节薄弱。现阶段重视养老服务开发运营的企业盈利水平普遍较低，如何探索出有效的盈利模式也是其急需解决的问题。

2. 广告行为

对于养老地产这一新兴市场而言，广告可减少消费者搜寻成本、提高产品知名度，是重要的市场营销手段。市场中主要的广告形式包括传统广告、新媒体广告和线下体验。其中，传统广告是地产广告的主要投放渠道。而随着互联网的发展，新媒体广告愈发受到青睐。线下体验包括小区拜访、义务会诊、免费体验等形式，紧贴老人的消费习惯。不同于普通地产项目强调销售，养老地产项目需要进行长期、持续的运营，重视客户体验。各企业都在摸索与之相适应的广告宣传模式，但整体而言，目前广告的覆盖范围、力度和影响力有限。

3. 品牌行为

品牌是企业重要的无形资产。优质的品牌可以帮助企业提高商业活动议价能力，获取高额产品溢价，抢占市场份额。很多养老地产企业都开始重视培育养老地产品牌，如万科"随园"、保利"和熹会"、远洋"椿萱茂"等。养老地产品牌可分为企业品牌和产品品牌，企业品牌是产品品牌发展的基础，尤其在市场新兴阶段，消费者更愿意为心仪的企业品牌买单；优质的产品品牌亦可反向提升企业品牌的价值。

4. 合作及兼并行为

企业间合作可以为产品注入更多资金和先进经验，提高产品开发能力，突破市场壁垒，降低单个企业建设和运营的风险。由于市场进入壁垒较高，加上经验不足，目前养老地产市场的企业合作行为频繁且形式多样，尤其地产、保险、医疗三方合作开发的趋势明显。为了快速取得进入养老地产市场的必要资源，减少交易费用，兼并行为在养老地产市场上多有发生。被兼并对象往往是具有专业服务、土地或其他养老相关资源的企业。

五、市场绩效分析

市场绩效是企业在特定的市场结构中，通过一定的市场行为取得的相应经济成果，体现在产销量、成本、利润等方面，反映了市场运行的效率及资源配置的最终成果。市场绩效受市场结构和市场行为的共同影响，同时又反作用于市场结构、调整市场行为。

（一）经济绩效

当前市场上高端养老地产产品较多，高定价限制了项目入住量，造成其空置率较高。我国政府虽然对养老产业存在政策倾斜，但在相关法律法规和标准体系制定方面仍存在不足，市场产品体系和竞争秩序有待改善。加上消费者传统养老观念影响，目前养老地产项目收益并不可观。但现在地产行业从开发向运营、服务方向的角色转型明显，养老地产注重服务的行业特质正好符合这一转变趋势；而且随着人口老龄化程度不断提高及生育政策带来的社会福利需求叠加，养老地产市场发展潜力巨大，未来必将成为地产行业新的利润增长极。

（二）社会福利

养老地产兼具房地产商品和公共福利两种属性，不仅满足了老年群体居住的硬性需求，而且考虑到了老年人生理和心理的特殊需求。根据福利多元主义，政府应当弱化其福利供给地位，通过"分权"，由市场、家庭、社会组织等多元主体共同分担福利供给责任，强调多方组织"参与"。面对我国不断增长的养老需求，养老地产企业的介入有效发挥了企业专业优势，填补了政府撤退后留下的"福利供给空白"，促进了社会福利的增长。

六、产业未来发展趋势

养老地产是未来房地产行业主要发展方向之一，我国社会环境变化必然会影响其发展趋势。这里主要从人口老龄化、家庭结构变化及经济水平进行分析。

（一）人口老龄化

老龄化社会是指老年人口在总人口中达到或超过一定比例的人口结构模型。按照联合国的标准，一个国家或地区60岁以上人口数占该国或地区人口总数的10%或以上，或一个国家或地区65岁以上人口数占该国或地区人口总数的7%或以上，则该国家或地区就进入了老龄化社会。随着全球医疗水平、生活水平的提升及生育率的下降，全球老龄化速度加快是大势所趋。也正因为如此，养老地产市场有着较大的市场需求，

（二）家庭结构变化

改革开放以来，在经济发展和计划生育政策等多重因素的影响下，我国的家庭结构出现了较大变化：家庭规模不断缩小，家庭结构小型化趋向明显，劳动人口在家庭内部所占比重随之下降，老年人抚养比不断上升。2020 年第七次全国人口普查数据显示，有老龄化程度加剧和少儿人口比重回升的趋势，这意味着我国人口总抚养比在未来一段时间还会继续升高。步入 21 世纪，受生育政策、社会养老保障和住房改革等制度变迁的影响，城镇地区单人户家庭比例明显增多，核心家庭构成缩小。从家庭结构变化来看，我国经济及社会发展所带来的代际关系的变迁导致我国家庭结构核心化、小型化，"家庭代际关系的变动引起了赡养关系的变化"。另外，住房与家庭结构的区位学理论认为，住房既是家庭两代人同居共处的因素，也是两代人分离的因素，住区模式的发展和演变也必然会反作用于人们的代际关系使之既相对独立又彼此相依，这为我国开发不同模式的养老地产提供了理论基础和现实依据。

（三）经济水平

从经济发展水平来看，我国家庭收入小康化和富裕人口显性化也将使商业性养老服务向高端化方向发展。根据国家统计局数据，2023 年 31 个省份的居民人均可支配收入为 39218 元，其中上海、北京遥遥领先，居民人均可支配收入双双突破 8 万元；浙江、江苏等 8 个省份的居民人均可支配收入超过全国水平。[①] 截至 2023 年，我国养老金已经连续 17 次上涨。《2023 年度人力资源和社会保障事业发展统计公报》显示，2023 年末全国参加城镇职工基本养老保险人数 52121 万人，比 2022 年末增加了 1766 万人；参加城乡居民基本养老保险人数 54522 万人，减少了 430 万人；全年基本养老保险基金收入 7.29 万亿元，基金支出 7.09 万亿元。目前，老人退休金仍呈上升趋势，这将为我国老龄化市场的潜在需求转化为有支付能力的有效市场需求提供可能。北京、上海等思想观念开放、老龄化程度较高的特大型城市集中了大量独生子女父母、归国人士及有富裕子女资助的父母，他们将成为高端养老地产的庞大客户群体。

---

① 《国家统计局公布 2023 年居民收入和消费支出情况》，中国经济网，2024-01-17，www.ce.cn/xwzx/gnsz/gdxw/202401/17/t20240117_38870539.shtml。

七、产业发展困境

（一）融资渠道不通畅

养老地产需要大量的资金投入，除了房产建设成本外，还有后期的配套设施的投入以及运营服务的投入。房地产商现阶段资金来源以自有资金和银行贷款为主，资金量难以完全满足其融资需求。在经济新常态下，商业银行对房地产企业的贷款审核更加审慎，房地产企业面临的资金周转压力较大。虽然近年来政府扶持政策持续出台，养老地产企业获得直接融资的渠道却没有很通畅。究其原因，一方面是因为养老地产属于新兴行业，仍处于无序竞争阶段，尚未形成标准化服务，存在较大的风险，而且其投资回报周期长、回报率低；另一方面，我国尚未出现成熟的基金投资养老机构的模式，导致养老地产企业融资不易，也使得许多资本投资者望而却步。

（二）市场定位不清晰

目前养老地产在市场定位上不清晰，市场细分程度不够，同质化趋势明显。大部分养老地产的市场定位较高，目标人群基本上是"高知、高干、高管"等收入相对较高的老年人群体，每年养老费用多在10万元以上，还要交纳数量不等的入门费。在我国，占老年人口绝大多数的工薪阶层、中低收入老年人群体无法负担高额的养老费用，现有养老地产未能真正满足庞大的市场需求。因此，如何开发匹配中低收入老年人群体消费能力的养老地产，是现今众多开发商急需解决的问题。在产品服务方面，针对健康活跃型老人的产品服务较多，而针对需持续照料和医疗护理型老人的产品服务供应不足。很多服务也未能根据老年人从健康活跃向半护理、全护理的转变情况及时调整所提供的服务。

（三）运营管理和服务能力不强

养老地产虽是地产但其核心卖点是"养老服务"，即需要配套各项服务，如医疗、生活、娱乐、学校、社交等各方面，然而目前很多养老地产只是打着"养老服务"的噱头卖房地产，不注重后期配套服务的运营管理，使其变成商业化炒作的空洞概念。医疗服务是养老地产服务中最重要的，老年失能人群普遍缺乏专业的医疗管理及护理服务。从养老护理人才质量上看，虽然养老地产中的养老护理人才整体服务水准有了一定的改善，但仍存在缺乏护理经验、专业性不强的问题。衔接医保是养老地产要解决的一个重要问题。对于大多数家庭来说，无法使用医保很难承受高额的老年医疗费用。例如，保利的和熹会项目是运营得较好的养老地产，在医疗资源方面，设有平安门诊，有常年驻诊的全职医生，并设有999个急救站驻点，但也存在未取得医保资格的问题。无法使用医保给老年人就医带来诸多不便，同时也难以引进一些优质的医疗资源，导致高水平医疗服务供给不足。

八、产业政策建议

（一）积极发展养老金融，为养老地产发展提供可持续金融支持

由于养老地产需要大量的资金投入，因此资金壁垒是养老地产市场主要的进入壁垒。金融机构特别是大型金融控股集团，可发挥金融全牌照优势和多渠道募资的能力，为养老地产提供融资和后期的金融支持。如成立私募基金、推出房地产信托投资基金等，用金融工具将物业金融化，实现资本的自由进入与退出，支持养老地产项目的持续运营和盈利。发挥保险公司的资金和产业链联动优势，与房地产企业相互合作，可以在资金、客户、模式和运营上形成优势互补，有助于养老地产获得持续金融支持，实现可持续发展。

（二）明确产品定位，完善产品供给

在产品定位上可以按不同需求打造不同层级的养老地产，针对消费者的资金状况与服务需求，划分高端、中端、低端的产品类型。在服务上，进行服务细分，根据护理需求程度将市场分为活跃长者、独立生活、协助生活、专业护理和持续照护社区等五种细分市场。其中，活跃长者社区主要针对有独立生活能力的老年人，项目一般以出售为主，提供的服务相对较少，主要提供各种俱乐部等娱乐设施。协助生活社区针对年纪大一些的老人，以出租为主，项目上也会提供各种日常照顾等。独立生活社区介于上述两者之间。专业护理社区针对需要专业医疗服务的老人。持续照护社区提供"一站式"服务，老年人可以在一处地方度过从能独立活动到需要专业护理的各个阶段。

（三）强化市场监督，提高服务水平与质量

为规范养老地产的市场行为，营造良好的市场环境促进养老地产健康发

展，相关部门应加快制定对相关细分市场的标准。可以联合相关的专家和企业人员共同研讨，建立有章可循的行业标准，制定标准后可以进行相关的试点检验，优化形成标准后进行全方面推广。其中，对养老地产中的餐饮、护理、康复卫生等方面，应根据老年人的生活习惯和消费水平设定不同的标准等级。同时，提高养老产业的准入门槛，设定投资规模与投资强度，限制专业能力欠缺的投资商、运营商进入行业，保证养老地产终端整体水平。市场监管方面，政府应推动行业信用信息共享平台建设，建立健全企业信息和产品信息数据库，便于相关部门、行业以及社会监管，杜绝不良投资、以租代售、虚假宣传炒作等行为，从而推动养老地产产业的高质量发展。

思考题

1. 你如何看待"养老地产不养老"的问题？
2. 新冠疫情给我国养老地产带来了怎样的冲击？后疫情时代下我国养老地产将发生怎样的变化？

参考文献

[1] 藏波，滕永乐，谢刚. 房地产市场发展趋势与商业银行融资机遇[J]. 新金融. 2017 (8)：41-48.

[2] 李佩瑾，贺鸿燕. 基于生活质量导向的养老地产开发策略 [J]. 商业经济，2021 (2)：45-46.

[3] 曲悦. 养老地产企业融资问题分析及对策研究 [J]. 中国管理信息化，2020，23 (12)：36-37.

[4] 沙国华. 人口老龄化背景下养老地产市场需求意愿及影响因素研究[J]. 金融发展研究，2015 (11)：74-78.

[5] 万杰，张天赐. 我国养老社区的运营模式及面临的问题 [J]. 经济研究参考，2016 (42)：40-41.

[6] 王跃生. 制度变迁与当代城市家庭户结构变动分析 [J]. 人口研究，2020，44 (1)：54-69.

[7] 王振坡，程浩岩. 我国养老地产发展时序及策略探讨 [J]. 现代城市研究，2013 (10)：103-109.

[8] 文静，李梦玄. 我国居民养老地产需求及其影响因素研究：基于武汉市数据的实证 [J]. 建筑经济，2020，41 (5)：92-98.

[9] 张栋，张琳. 中国特色养老金融：基本内涵、现实挑战与推进路径

［J］．西安财经大学学报，2024，37（5）：78-89．

［10］张丽丽．盈利视角下我国养老地产业发展及运营模式研究［J］．改革与战略，2016（8）：35-38．

［11］朱静辉．家庭结构、代际关系与老年人赡养：以安徽薛村为个案的考察［J］．西北人口，2010，31（3）：51-57．

［12］朱梦冰，邓曲恒．城镇地区家庭结构变动与居民财产分布［J］．经济学动态，2021（7）：67-81．

［13］邹点，王孟钧，陈芳．基于SCP范式的我国养老地产市场分析及发展建议［J］．建筑经济，2020，41（12）：100-103．

第七章 智慧养老产业

一、产业概况

(一) 发展概况

"智慧养老"(intelligent care for aged)的概念最早由英国生命信托基金提出,指打破传统养老模式受时空约束的缺陷,借助现代科技,将各服务参与主体整合起来,通过政府、社区、医疗机构等物联网平台,形成一个有机整体,提高养老服务质量。根据《智慧健康养老产业发展行动计划(2022—2025年)》,智慧健康养老是指面向居家老人、社区及养老机构的传感网系统与信息平台,并在此基础上提供实时、快捷、高效、低成本的物联化、互联化、智能化的养老服务。其具体含义主要有三个方面,分别是智慧助老、智慧用老和智慧孝老。

中国的智慧养老大体经历了数字化养老(2007年)—信息化养老(2010年)—科技养老(2011年)—网络化养老(2012年)—智慧养老(2013年及以后)五个阶段。智慧养老在技术层面能够实现数据驱动管理,在服务层面能够实现供需精准匹配,在组织层面能够实现智慧可视决策。目前智慧养老以智慧居家养老服务、智慧医疗养老服务、智慧机构养老服务和智慧城市养老服务为主。其中,实践成效最为显著的是智慧居家养老服务,主要包括智慧居家安全技术、智慧居家照料技术、智慧医疗保健技术、智慧心理慰藉技术四类照料服务。在我国,智慧养老利用多元化的信息技术,将老年人、家庭成员、社区、医疗机构、医护人员甚至政府相关机构等紧密联系起来,使老年人的日常生活处于受远程监控状态,高效响应老年人的多元化、差异化需求,以实现老年人的身体健康和生活便利。图7-1为六大智慧养老服务领域。

第七章 智慧养老产业

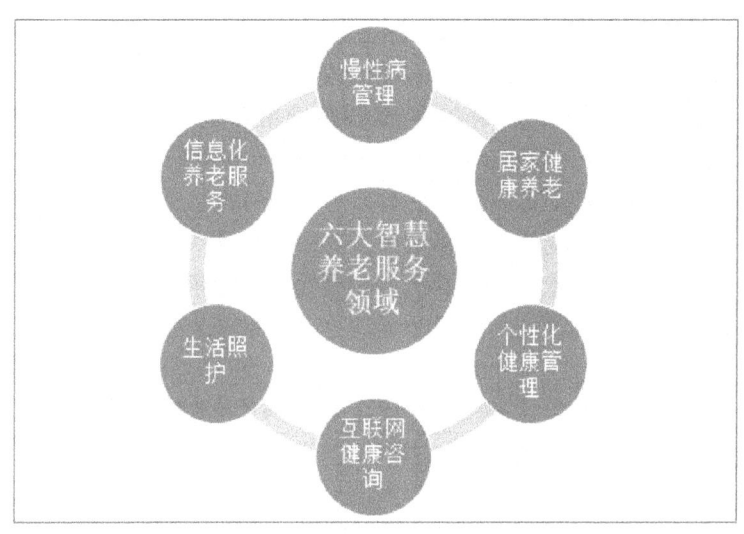

图7-1 六大智慧养老服务领域

按照联合国标准，一个国家65岁及以上人口占总人口比重达到7%则开始步入人口老龄化社会，达到14%进入深度老龄化社会，达到21%进入超级老龄化社会。1999年我国65岁及以上人口占总人口比重达到7%，开始步入人口老龄化社会，属于较早进入人口老龄化的发展中国家之一。2021年5月11日，国家统计局在国务院新闻办公室发布会上发布了第七次全国人口普查关键数据。在人口年龄构成方面，60岁及以上人口为26402万人，占总人口的18.70%（其中，65岁及以上人口为19064万人，占总人口的13.50%）。与2010年第六次全国人口普查相比，2021年60岁及以上人口的比重上升5.44%。

我国智慧养老产业经历了倡导及试点阶段，从2017年开始进入全国推广且快速发展阶段。在人口老龄化加剧、国家发布一系列扶持政策、科学技术快速发展等背景下，在短短的几年时间里，我国智慧养老产业规模持续快速增长，智慧养老行业市场格局已经基本建立，2019年产业规模接近3.2万亿元。① 目前，我国智慧养老产业发展已经取得一定成绩，呈现新的发展态势，并展现出广阔的发展前景。2023年，我国智慧养老产业规模达到6万亿元，

---

① 《2019年中国智慧养老产业规模达3.22万亿元，智慧健康养老示范基地总数达到52个》，智研咨询，2020-08-07，https://www.chyxx.com/industry/202008/887511.html。

占整个养老产业的42.9%。① 虽然我国智慧养老尚处于起步阶段，但不乏一些优质的智慧养老项目。根据工业和信息化部公布的《第四批智慧健康养老应用试点示范名单的通告》，其中有50家智慧健康养老示范企业，17个智慧健康养老示范基地，72个智慧健康养老示范街道（乡镇），呈现快速发展态势。目前，我国智慧养老产业的发展主要有以下五个特点：①智慧养老产业市场规模不断扩大；②智慧养老需求持续增长；③政府政策扶持力度逐渐加大；④智慧养老产业体系基本形成；⑤关键技术和智慧产品创新速度加快。表7-1为2015—2020年我国国家级主要智能养老重点支持政策。

表7-1 2015—2020年我国国家级主要智能养老重点支持政策

序号	发布时间	发布部门	文件名称
1	2015年	国务院	《关于积极推进"互联网+"行动的指导》
2	2016年	国务院	《国务院办公厅关于促进和规范健康医疗大数据应用发展的指导意见》
3	2017年	工业和信息化部、民政部、卫生计生委	《智慧健康养老产业发展行动计划（2017—2020)》
4	2017年	工业和信息化部、民政部、卫生计生委	《关于开展智慧健康养老应用试点示范的通知》
5	2017年	工业和信息化部、民政部、卫生计生委	《智慧健康养老产品及服务推广目录》
6	2018年	国务院	《国务院办公厅关于促进"互联网+医疗健康"发展的意见》
7	2019年	国务院	《国务院办公厅关于推进养老服务发展的意见》
8	2019年	市场监管总局	《养老机构服务安全基本规范》

---

① 《智慧养老产业规模达6万亿，如何匹配3亿老人"刚需"成关键》，搜狐，2025-03-04，https://it.sohu.com/a/866714375_121123885。

续表

序号	发布时间	发布部门	文件名称
9	2019年	工业和信息化部、民政部、国家卫生健康委员会	《关于促进老年用品产业发展的指导意见》
10	2019年	工业和信息化部、民政部、国家卫健委	《关于开展第三批智慧健康养老应用试点示范的通知》
11	2020年	工业和信息化部、民政部、国家卫健委	《关于开展第四批智慧健康养老应用试点示范的通知》
12	2021年	工业和信息化部、民政部、国家卫健委	《智慧健康养老产业发展行动计划（2021—2025年）》
13	2021年	民政部、国家开发银行	《关于"十四五"期间利用开发性金融支持养老服务体系建设的通知》
14	2022年	国家发展和改革委员会等21部门	《"十四五"公共服务规划》
15	2023年	工业和信息化部、民政部、国家卫健委	《智慧健康养老产品及服务推广目录（2022年版）》

资料来源：前瞻产业研究院。

（二）智慧养老的主要模式

1. 基于远程技术的智慧养老模式

随着远程技术的发展，远程通信、远程视频、远程监测、远程医疗等已逐渐被人们所熟悉。国内外均已开始应用远程技术来辅助解决养老难题，例如，甘肃兰州城关区虚拟养老院、陕西吴堡县智慧养老项目、天津小橙集团有限公司等。

2. 基于智能家居的智慧养老模式

越来越多的老年人不愿放弃自身的独立生活方式，不愿离开自己熟悉的环境而迁移到养老院。为了应对这样的现实问题，智能家居应运而生，其目的是让老年人尽可能延长在自己熟悉的环境中生活的时间，并让老年人在家中更好地生活，如中国"小米智能家居+语音助手"组合。北京某社区为独居老人安装小米智能家居套件，老人可通过方言语音指令控制智能灯泡、扫地机器人、空调等设备。智能药盒会定时提醒老人服药，并将服药情况同步给家属。

3. 基于多方参与的智慧养老模式

养老问题涉及的组织机构和人员数量比较庞大，实际上这些不同的利益相关者（stakeholders）构成了一个养老生态系统。利益相关者主要出现在项目管理中，指项目实施或完成过程中其利益可能受积极或消极影响的个人或组织（如客户发起人、执行组织或公众）。养老涉及的主体众多，包括家政、送餐、维修、采购卫生、健康、护理、康复社区、政府等不同的利益相关者，其利益诉求不一样。如果信息技术的使用能有效地使这些利益相关者协同为老年人服务，将是非常好的养老模式。国内外就出现了多方参与的养老模式，其特征在于有多种力量共同参与、以自组织的形式进行运营。如中国乌镇的"1+2+1"模式。中国乌镇"1+2+1"模式则是借助椿熙堂老年服务中心将政府志愿组织、为老服务商等多方参与主体整合聚集而形成的。该模式充分发挥了乌镇的地方特色，通过设立数据平台和管理平台将多个主体的业务结合起来，方便为老人提供更加优质的服务。

4. 基于养老管家的智慧养老模式

养老管家（care manager）是普遍存在的一种养老模式。该模式基于以人为本、人人交互的思想，个性化、专业化有交互地为老人提供养老服务。养老管家作为连接老人和各类服务提供商的中介，是整个模式运营的核心，需要具备良好的道德素养和职业技能。如浙江青田"智慧+养老管家"模式、上海普陀区养老管家模式、北京西集镇"小莉管家"模式。

(三) 我国地方智慧养老的举措

1. 北京：一卡在手，服务我有

汇集养老服务于一张IC卡的北京，一直是其他地区竞相模仿的对象，在智慧养老方面通过打造具有本地特色的"北京通——养老助残卡"及相应的"北京通e个人"App，按区划分，把老年人居住地周边的养老服务和政府补贴链接在一张IC卡上，打造具有北京地方特色的智慧养老模式。以政府信用为背书，对接本地商业银行，汇集本地养老服务，为老年人提供政府补贴、支付、服务功能于一体的本地支付平台。

2. 上海：大数据信息平台模式——打造全市养老信息服务平台，整合分散养老服务资源

信息平台的打造包括：养老信息服务统一门户网站、养老服务行业管理统一入口、养老服务资源大数据库。打造六大特色信息板块（大黄页）：养老地图、机构办事指南、综合资料库、实用信息、个人办事指南、网址导航。上海社会养老服务体系建设较为完善，各类养老服务设施达到一定数量，但同时面临着信息不对称的问题，即老年人对身边的养老服务设施情况并不是特别了解。

3. 山东："智能硬件+数据整合"平台，打造以保障老年人的人身安全为核心的居家养老办公服务平台

山东省以物联网、云计算、互联网技术为基础，以智能硬件产品为接口，打造居家养老公共服务平台。以维护老年人在社区内的人身和生命的安全为核心，打造关爱服务、健康服务及民生服务三位一体的养老服务体系。

4. 浙江杭州：搭平台、补资金、强监管

浙江省杭州市统一搭建养老服务信息化平台，通过公开招标，选定智慧养老的服务商，通过与社会合作方合作，采用政府购买的方式，为本市老人提供紧急救助、日常生活服务、医疗服务等三大类13项服务。政府搭建平台，选定服务商，强化监督及评估管理，为本地老人提供建立在智慧养老平台基础上的居家社区服务。

二、产业属性

(一) 市场需求弹性

智慧养老产业具体有不同的开发模式，整个智慧养老产业服务面向不同方面，因此在分析该产业的市场需求弹性时，应考虑不同的服务类型。随着物质生活水平的提高，人们更加注重健康问题，对智慧养老服务的产品需求不断增长。智慧养老企业提供类型丰富的产品与服务，一些基础的智慧养老服务逐渐普及，一般情况下，这种基础性的智慧养老服务会考虑市场规模，故定价适中，且现在也在市场规律的作用下逐步呈现价格稳定的趋势，此时市场需求弹性较小；有部分成本投入较高、应用了核心技术的智慧养老产品因受众人群较少，同时价格较高，其市场需求弹性较大。

(二) 市场需求增长率

随着老年消费需求持续增长，国家越来越重视智慧健康养老产业的发展，发布了一系列扶持智慧养老产业政策。一方面，在需求和政策的推动下，我国智能养老产业的市场规模快速增长。我国人口基数较大，再加上20世纪五六十年代出生高峰时期出生的大量人口不断进入老年人队列，以及伴随着医疗水平提升、物质条件丰富带来的预期寿命延长，我国老年人口迅速增长。在未来的发展中，因老年人口比例持续增加，老龄化问题将进一步加剧。另一方面，老年人患慢性病的比例较高，且大多有多种慢性病。因此，老年人健康管理、智能监管等智慧养老服务需求旺盛，亟待建立高质量、多样化、可持续的智慧养老保障体制。

此外，老年人的消费需求越来越旺盛，且呈现多样化的特点。城乡老年人消费结构转型升级已然出现，如今的老年人越来越重视生活质量、晚年生活便捷性和更专业的照顾服务等。2024年，北京举办了智慧健康养老产业发展大会。从会上获悉，近年来我国智慧健康养老产业规模持续快速增长。

(三) 产品的短期成本结构

在养老服务产业中，主要成本包括在发展过程中产生的经济成本与会计成本、短期成本与长期成本、显性成本与隐性成本、社会成本与企业成本、变动成本与不变成本等。在不同的养老模式下，主要的成本也各不相同。例如，在医养结合模式下，前期投入的成本最高，包括土地征用、建设安装、设备采购安装等；此外，运营费用也是医养结合模式的主要开支，高昂的用人成本、水电费、办公费等日常开支都加剧了医养结合的机构养老模式下的养老机构的资金压力。由此可见，由于前期投入资金巨大，后期效益的回收保障也就显得尤为重要。

三、市场结构分析

（一）市场集中度

截至2023年末，中国现存智慧养老企业总数达到39.9万家，企业注册量由2019年的3.29万家增长至2023年的7.42万家，复合年均增长率达22.55%。近年来，在国家政策和创业环境利好下，许多公司均已调整业务或聚焦业务到智慧养老领域。但我国当前智慧健康养老产业仍处在市场开拓阶段，多数项目还没有形成清晰、可持续的商业模式，因此，智慧养老产业的市场集中程度较低。

（二）产品服务差别化

智慧养老企业提供的服务与产品存在一定差别。政府鼓励各个省份尝试构建不同类型的智慧养老模式，推进形成多元化智慧养老模式，因此，不同地方、不同模式下的智慧养老服务与产品均有不同。此外，智慧养老产品与服务的差别化还体现在互联网技术、产业链、服务范围等方面。

（三）进入与退出壁垒

1. 进入壁垒

（1）必要资本量壁垒。智慧养老产业是市场经济发展的必然产物，但就我国智慧养老产业发展现状来看，社会资本介入智慧养老产业发展的规模十分有限，主要还是依靠政府的资金投入，而且智慧养老产业的投入资本大、回收期与盈利平衡期长等特点，使得很多企业不敢贸然进入智慧养老市场。

（2）技术壁垒。智慧养老是融合应用了医疗健康电子、物联网、云计算等信息技术和产品，围绕老年人群体进行的有针对性的智能化服务，若要进军智慧养老市场，企业必须具备技术优势。

（3）人才壁垒。智慧养老提供的一系列服务涉及多个方面，需要有较大的人才储备，但目前智慧养老产业发展存在着服务能力不足、专业护理人员匮乏等一系列问题。

2. 退出壁垒

当智慧养老企业退出时，必须放弃投入初期的智慧养老设备，这些配套设备的专用性较强且价值较高，但其现有价值一般情况下会低于进入市场的价值，导致不能完全被收回甚至被搁置，从而造成了沉淀成本，在一定程度上构成了智慧养老企业的退出障碍，形成一定程度的退出壁垒。

四、市场行为分析

（一）价格行为

智慧养老服务平台企业的出现，改变了传统养老服务模式。在市场机制作用下，这种平台企业可通过差异化服务定价模式获得最大利润，进而激励更多企业进入养老市场，成为智慧型居家养老服务平台运营商。差异化服务定价模式在初创期（市场规模小）可起到培育市场的作用，在成熟期（市场规模大）能巩固并不断扩大智慧养老产业规模，促使智慧养老市场形成有序的竞争态势，促进智慧养老产业可持续发展。

（二）产品质量与服务

在服务能力方面，通过信息技术的集成可提高服务质量和服务效率，从多个方面完善社会保障体系。"智慧养老"运用现代科学技术和适老化智能设备，可以解决护理人员不足的问题。在服务形式方面，"智慧养老"突破了点对点、包对包的传统服务形式，运用相关技术将养老信息集成到一个载体，该载体同时连接个人和服务终端，通过网络和信息技术，为老年人提供多样化选择，实现"自助式"服务。在服务内容方面，"智慧养老"满足老年人多层次需求，从个人层面落实社会保障内容；通过网络技术及社交平台，利用老年人的经验智慧，使老年人发挥余热、做到"老有所为"，满足老年人自我实现的需求。

五、产业发展困境

（一）尚未形成成熟的商业模式

相对于发达国家，我国的智慧养老产业起步较晚，当前还处于初步探索阶段，尚未形成有效的产业链商业运作模式。目前，大多数采用企业运营、政府购买的运营模式，政府部门依然是智慧养老产业发展资金的主要投入者，如北京昌平汇晨养老机构。智慧养老产业作为一种市场经济发展的必然产物，需要依赖市场调节，只有通过吸引大量的社会资本，才能实现智慧养老产业的可持续发展。虽然老年人群体数量、养老需求在不断增加，但是受经济、传统等因素的制约，老年人的有效需求明显不足，尚不能吸引足够的社会资本介入智慧养老产业，加之智慧养老产业的投入资本大、回收期与盈利平衡期长等特点，企业对于是否进入以及何时进入智慧养老产业持审慎态度。尽管电商、商场超市、机构、社区等智慧养老产品和服务的集成平台会根据产业发展的实际情况采取具体方案，但以政府主导的社区和机构仍是目前主流的平台，投入主体相对比较单一。从整体发展上来看，智慧养老产业亟待形成系统、完善、有效的商业运作模式，解决企业面临的生存压力，实现智慧养老产业的盈利目标。

（二）智慧养老服务供给与老年人需求之间存在偏差

目前，我国大部分地区的智慧养老服务尚处于尝试运营阶段，仅在部分社区试点推广，普及面窄。从运行效果看，运营团队运用智慧平台对接养老服务需求的专业能力有限，而且线下养老服务资源供给不足或成熟度不够，难以对线上需求进行有效支持，出现只能满足老年人一般日常需求而难以满足其多样化、特殊化、高质量需求的问题。智慧养老服务的功能受到限制，进一步的发展面临着多重困境。另外，老年人购买智慧养老产品渠道不畅，大多老年人由于接触网络能力有限，智慧养老产品升级换代又很快，无法及时了解产品信息，没有渠道购买智慧养老产品。目前购买老年用品的渠道主要是药店、医疗器械店，但是产品种类有限，智慧养老产品很少甚至没有。许多老年人自己找不到专门为老年人提供用品的专卖店或者商场专区，也不敢通过网上购买，基于怕被欺骗、操作不当、选择困难等原因。从每年各地举办的老年用品博览会上看，产品虽多，产品销售主要面对有需求的养老机构走批量订单，很少零售，缺少个真正让老年人了解和购买智慧养老产品的信息平台。

（三）专业化人才队伍资源极度匮乏

面对养老问题日益严峻的局面，急需大批专业化、高质量的人才加入智慧养老产品的研发和服务队伍中。目前，我国从事智慧养老产品研发和服务的人才数量不足、专业化技术水平不高等问题凸显。首先，智慧养老服务人才数量不足，质量不高。其次，智慧养老产品高层次研发队伍建设不足。智慧养老产业属于新兴产业，相关的高校及科研机构缺乏高质量专业研发人才培养体系，很多核心关键技术仍然依靠国外引进，本土的高质量智慧养老行业顶层设计、产品研发和系统设计专业人才严重不足，绝大多数企业缺乏专门从事智慧养老技术的攻关人才。最后，智慧养老服务人员缺少规范的专业培训。大多数从事智慧养老的服务人员缺乏疾病预防和康复护理等方面的知识与技能，也没有经过正规的专业培训，即使有意接受专业培训，市场上正规的专业技能培训机构也寥寥无几。整个智慧养老行业的服务水平和质量都亟待提升。

六、产业政策建议

（一）落实规划任务，细化工作内容

为推动智慧养老健康发展，我国从发展方向、内容框架、政策导向等多方面做出了顶层设计和原则性规定。要使这些政策与规划落地，还需要各级政府进一步提高对智慧养老的认识水平和重视程度，并根据当地实际情况，制定并贯彻落实指导意见和行动计划的实施细则，明确总体发展目标和阶段性目标、细化具体任务、优化实现路径、强化保障措施。鼓励各地根据实际情况，尝试构建不同类型的智慧养老模式，推进形成多元化智慧养老模式，及时解决养老实践中出现的各种问题，有效满足不同类型的多元化养老需求。可以借鉴北京、上海及山东等地区都推出了具有地域特色的智慧养老服务。

（二）做好人才培养，稳定人才队伍

人才是智慧养老服务发展的根基，因此，要加大人才培育力度，建立智慧养老服务人才培养梯队。同时，要加强一线养老服务人员的科学素养培训学习，让有能力者掌握使用智慧养老产品，在实践中提供更好的服务。鼓励有条件的地区开设社区居家智慧课堂，让更多子女学习智慧养老服务知识并教会其父母使用智能产品，成为智慧养老服务中的一员。鼓励各地老年大学（学习

点）重视老年人力资源的开发使用，引导更多老年人学科技、用科技，更好地发挥余热贡献社会，提升老年人才的社会贡献度和参与度。鼓励高校科研机构、企业事业单位、专业培训机构，通过课堂教学、进修、对外交流、继续教育等多种方式，培育养老服务及相关领域具有国际视野的专业型人才、复合型人才，引导他们积极投入智慧养老理论学习与政策制定、产品设备软件研发、大数据分析中，还要创造更多让各类人才走出国门的机会，使其能够到美国、日本等智慧养老服务发展水平先进的国家学习，充分吸收他国发展模式、产品研发、技术、服务等方面的先进做法和典型经验。

（三）构建全景智慧养老产业链，打造成熟商业运作模式

当前我国智慧养老产业体系已经初步形成，但是尚未形成全景的产业链商业运作模式，这严重影响到智慧养老产业的发展进程。为构建成熟的全景智慧养老产业链，形成有效的商业运作模式，需要从产品制造、产品流通和产品消费三个环节入手。智慧养老产业链上游是智慧产品和服务的提供，供应商以老年人为服务对象，根据老年人的生活、心理、精神等方面不同层次的需要，提供智慧穿戴设备、家居用品、医疗服务、护理服务等产品和服务。中游是智慧产品和服务的集成平台，通过电商平台、商场超市、社区、机构、直营店等多种形式触达消费者。下游是接受产品和服务的老年人群体，根据老年人的身体状况可将其划分为具备完全自理能力、具备半自理能力和不具备自理能力三大类，每一类老年人在生活起居、精神、健康管理、医疗保健等方面的需求是不同的，所需要的智慧养老产品和服务也不同。生产智慧养老产品和提供智慧养老服务的企业需要建立有针对性的营销渠道和网络，形成智慧养老产业链上中下游的全景式产业链品的线上线下一体化销售模式。智慧养老产业链上中下游之间相互沟通、彼此协调，最终形成成熟的商业运作模式，实现智慧养老产业的持续发展。

（四）推动社区智慧养老服务供需平衡

以社区为基本单元，依托社区各类养老服务机构，搭建社区智慧养老服务综合信息平台，开发应用智能终端、便携式动态监测设备、App应用等，针对不同老年人的普遍化、多样化需求，推进标准化、精细化的精准服务模式。服务机构要组建专业评估团队，根据对老年人的综合评估结果，将老年人需求细分为一般需求、特殊需求、高质量需求，定制分层、分类而又成体系的智慧养老服务模块，关注不同老年人的实时需求信息，及时提供差异化的智慧养老服

务，实现由"大众化"向"订单式"服务转变，充分满足老年人对智慧养老服务的多样化需求，真正为老年人提供优质而高效的服务。

思考题

1. 智慧养老这种创新的养老模式有哪些作用？
2. 随着互联网的发展和老龄化问题的日趋突出，智慧养老应运而生。在穿戴方面，很多企业推出了智能手表、智能眼镜、智能拐杖等产品。对此，你是如何看待的呢？

参考文献

[1] 陈友华，邵文君. 智慧养老：内涵、困境与建议 [J]. 江淮论坛，2021（2）：139-145，193.

[2] 葛颜，董里，袁红艳，等. 基于"互联网+"社区居家养老服务研究进展 [J]. 护理研究，2024，38（15）：2741-2745.

[3] 廖楚晖. 智慧养老服务总体性问题破解与实现路径 [J]. 经济与管理评论，2019，35（6）：5-13.

[4] 刘晓静，张向军，谢秋实. 京津冀协同发展视域下河北省养老服务面临挑战及发展建议 [J]. 河北大学学报（哲学社会科学版），2019，44（1）：139-145.

[5] 申琦，李立哲，蔡耀辉. 从探索产业布局到完善服务体系：我国智慧养老政策的演化历程与问题探究 [J]. 社会政策研究，2024（3）：48-61，133.

[6] 万立军，王琳，刘宗波. 国内外智慧养老平台现状 [J]. 中国老年学杂志，2020，40（5）：1087-1091.

[7] 张雷，韩永乐. 当前我国智慧养老的主要模式、存在问题与对策 [J]. 社会保障研究，2017（2）：30-37.

[8] 张丽，严晓萍. 智慧养老服务供给与实现路径 [J]. 河北大学学报（哲学社会科学版），2019，44（4）：96-102.

[9] 郑涛，李梦莹，侯玉梅. 基于弹性理论的居家养老服务平台差异化定价策略 [J]. 产经评论，2019，10（3）：5-15.

[10] 左美云. 智慧养老：内涵与模式 [M]. 北京：清华大学出版社，2018.

[11] 左美云. 智慧养老产业发展前景和路径 [J]. 人民论坛，2024（13）：24-27.

第八章 动漫产业

一、产业概况

(一) 概念定义

动漫是动画和漫画的合称,是华语地区特有的称谓。动漫主要借助手绘或电脑的方式进行虚拟角色形象的制作,通过画面呈现一定的故事情节,是一种重要的叙事艺术形式;漫画则是通过将图画组合成连续或不连续的静止画面,配合对白、旁白等描述性文字实现叙事的艺术形式;动画又被称作卡通(cartoon),是指由许多帧静止的图画画面以一定的速度连续播放,实现画面活动的影视作品。

动漫产业主要是指围绕动漫内容的生产和制作所形成的产业。其上游是动漫内容的生产和制作体系,中游是动漫内容的传播和观看渠道,下游是围绕IP形象应用和授权的衍生产业,如手办玩具、授权商品等。近年来,动漫产业周边开始向"盲盒"[①]方向发展。在线动漫是指通过互联网平台实现动漫内容传播的动漫作品的统称,运营并传播在线动漫作品的平台即在线动漫平台。

(二) 特点

从文化范畴来看,二次元是指动画、漫画、游戏、小说中营造的虚拟世界,有别于现实世界构成的三次元。从产业角度来看,动漫、游戏、轻小说和广播剧构成动漫产业,又被称为二次元产业或二次元经济。其特点是虚拟人物(形象),即漫画和动画内容中出现的虚拟的而非真实存在的人物(或其他生命体)形象,他们一般具有较高的辨识度和差异化特征,能够迅速被记忆和识别。

---

① 盲盒指内含随机物品的包装盒,惊喜盒子。

(三) 发展历程

1. 起步阶段（1926—1949 年）

1926 年，万氏兄弟在上海制作了《大闹画室》动画短片，这部动画在某种程度上开启了我国动画产业的全新篇章。20 世纪 40 年代，万氏兄弟制作了《铁扇公主》，这也是亚洲历史上第一部动画电影长篇。由此可见，从某种程度上来说，我国在动画产业上起步较早。

2. 发展阶段（1950—1980 年）

1950 年，我国动画产业进入了发展阶段，上海美术电影制片厂作为当时的动画龙头企业，一共制作了 428 部美术片，占全国美术片总量的 80% 以上。在 1962 年制作的《大闹天宫》，就受到了世界范围内的高度欢迎和认可，同时推进我国动画产业实现迅猛发展，可以说是我国动画产业的奠基石。

3. 踟蹰时期（1980—2004 年）

20 世纪八九十年代是外国动画产业盛行的时期，而我国的动画产业并不是特别景气，出现作品供不应求的情况，观众在等待我国更多国产动画的过程中接触到优质的国外动画。例如，中央电视台在 1980 年引进和播放了《铁臂阿童木》，1986 年引进了《花仙子》，1992 年引进了《圣斗士星矢》，1996 年引进了《灌篮高手》，2001 年引进了《EVA》。

4. 复兴时期（2013—2025 年）

从实践情况来看，我国动画产业的复兴期从 2013 年开始，其中比较有代表性的是 2012 年启动的《十万个冷笑话》，2013 年横空出世，《十万个冷笑话》获得第十届金龙奖、最佳新媒体动画奖，之后又先后获得最佳动漫改编奖，这部作品的营销模式和日本动画的营销模式比较接近。2015 年，有妖气原创漫画梦工厂独家签约的漫画《雏蜂》在中国和日本同步播出，并且开发了手办等相关产业，邀请日本声优演出。2016 年，《大鱼海棠》的发行，绝美的画面，充分展示了东方奇幻美学，票房高达 5.73 亿元。2019 年，《哪吒之魔童降世》票房更是从 2013 年至 2019 年的 7 年间，票房高达 50.36 亿元，堪称国产动画票房天花板。到 2024 年春节档上映的《哪吒之魔童闹海》更是将票房突破 152 亿元，位列全球影史票房榜第五（该数据截至 2025 年 4 月），再次刷新国产动画电影记录。同时动画产业的发展，在一定程度上推动了手办等产业，促进"谷子"经济（二次元经济）的发展。从某种程度上来说，这是一种创举。通过这样的模式，中国动画作品越来越多地在国外进行播放，打入国际市场的同时在国内也有着十分显著的成绩，内外融合，为我国动画产业的复兴提供了必要的条件。

（四）全球化历程

1. **试水期：2000—2007 年**

主要表现：基于国家间的文化交流与合作，政治文化意义大于商业意义，主要成果是中外联合制作的动画剧集。代表案例：动画《鸭子侦探》（2000年，中加联合制作）、动画《瑶玲啊瑶玲》（2003 年，中韩联合制作）、动画《马丁的早晨》（2004 年，中法联合制作）。

2. **探索期：2007—2017 年**

主要表现：一些优秀的动漫作品基于自身的艺术价值和商业价值走出国门，探索中国动漫全球化的发展方向；海外动画公司在中国组建工作室或创作团队。代表案例：夏达《子不语》《长歌行》（日本集英 Ultra Jump 连载）、东方梦工厂《功夫熊猫3》（与美国梦工厂联合制片）、2 Minutes（法国动画公司）中国分部的设立。

3. **加速期：2017 年以后**

主要表现：伴随优质动画作品的涌现和视频流媒体巨头的崛起，中国动漫全球化发展历程加速。代表案例：《未来机器城》（中加合作）、《肆式青春》（中日合作）、东方梦工厂《雪人奇缘》（中美合作）。

二、产业属性

（一）市场需求弹性

近些年动漫产业迎来了发展的新征程，现阶段的动漫消费不再仅局限于儿童，许多成年人也加入其中。由于动漫为非生活必需品，因此市场需求弹性相对较大。但由于动漫产业不断优化升级，产生出越来越多的动漫衍生产品，加上人们生活的水平不断提高，对物质和精神追求提出了更高的要求，因此动漫产业的未来发展也具有一定的活力，需求弹性将有所下降。

（二）市场需求增长率

2017年以后，动漫产业进入加速发展期，市场需求增长率不断上升。

（三）产品成本结构

动漫产业的成本的组成包括人力成本、硬件成本、时间成本、宣发成本等。

1. 人力成本

制作一个质量尚可的动漫电影，至少需要上百人的团队。从制片、导演、编剧、艺术顾问，到原画、模型、场景，任何一个工种的人力成本都不便宜。

2. 硬件成本

动漫制作对硬件设备的要求非常高，如做渲染的计算机不是普通笔记本电脑就可以做出来的，对图像的处理需要非常强大运算能力的计算机才能完成。同时，也需要摄影棚、动作捕捉等各种硬件，以及能容纳100多人上班的办公区域等，这些都是不小的花销。

3. 时间成本

一部动画片的制作周期至少需要两年的时间，在这两年中，任何大的变故都有可能影响到项目的进展，甚至影响项目的成败。而制作时间每增加一天，成本都会相应提高。

4. 宣发成本

动漫产品制作完成后，需要对动漫产品进行宣传，吸引观众了解或对其产生观影的兴趣，宣发成本是动漫产品从生产到销售等过程中必不可少的环节。

三、市场行为分析

（一）广告行为

广告行为是企业在市场上经常采用的一种主要的非价格竞争的方式。我国动漫产业主要通过广告的方式为即将播放的动画或发售的漫画以及相关的周边做宣传，使观众/受众有所了解。

（二）技术进步行为

技术创新是一种具有风险性的市场行为，需要付出一定的代价。创新者的目的是获得一定的市场回报，在收回了创新成本后还能够得到额外的收益。

简单来说，3D数字技术有着通用性表现，是一种综合性技术。3D数字技术的主要内容分为两部分，分别是计算机技术和多媒体技术。在未来三维动漫设计的过程中，3D数字技术能够帮助设计人员更好地协调三维动漫设计过程中的各类元素，将其进行任意组合之后形成自己想要的动漫作品。这类作品拥有独特的特性和气质，往往能够给观众留下独有的回忆，从而达到推广效果。在未来三维动漫设计过程中，3D数字技术也有着一定的现实意义，可以进行更深层次的推广。

（三）并购行为

企业并购是现代市场经济中实施资产重组和优化资源配置的有效手段，有助于实现企业规模的迅速扩张，推动产业结构不断升级。我国动漫史上最大的并购案是奥飞娱乐以9亿元收购了有妖气漫画平台。奥飞娱乐以9.04亿元人民币的交易作价，通过"现金+股票"的交易方式，购买了北京四月星空公司100%股权。作为"中国动漫第一股"，奥飞娱乐是中国目前最大的动漫及娱乐文化集团之一，在动漫IP价值运营领域已有多年积淀。奥飞娱乐表示，这项交易有利于进一步扩大公司的IP矩阵，巩固"以IP为核心的泛娱乐生态系统"发展战略，完善公司的全产业链生态战略布局。这次收购，使奥飞娱乐的发展有更大的突破。

四、市场绩效分析

市场绩效是指在特定市场结构下,通过一定的市场行为使某一产业在价格、成本、产量、利润、产品质量、品种及技术进步等方面达到的最终经济成果。

2015—2019 年,我国动漫产业产值总体呈逐年增长的态势。2018 年我国动漫产业产值为 1712 亿元。随着动漫文化的不断发展,2019 年我国动漫产业总产值达 1941 亿元。(图 8-1)

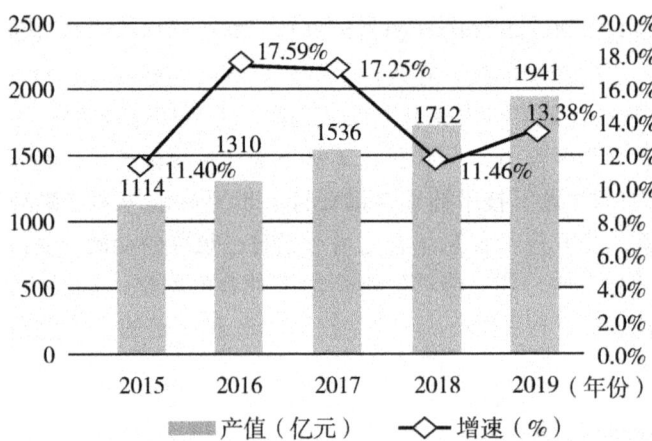

图 8-1 2013—2019 年中国动漫产业产值及增速

2013—2019 年,我国动漫电影票房和数量占总电影票房和数量的比重呈波动上涨态势(图 8-2、图 8-3)。2019 年,我国动漫电影数量占总电影数量比重为 14.46%,动漫电影票房占总票房比重为 11.86%,均比 2018 年有所上升,单纯从票房数量上看,我国的动漫产业未来仍旧有较大的发展空间和市场潜力。

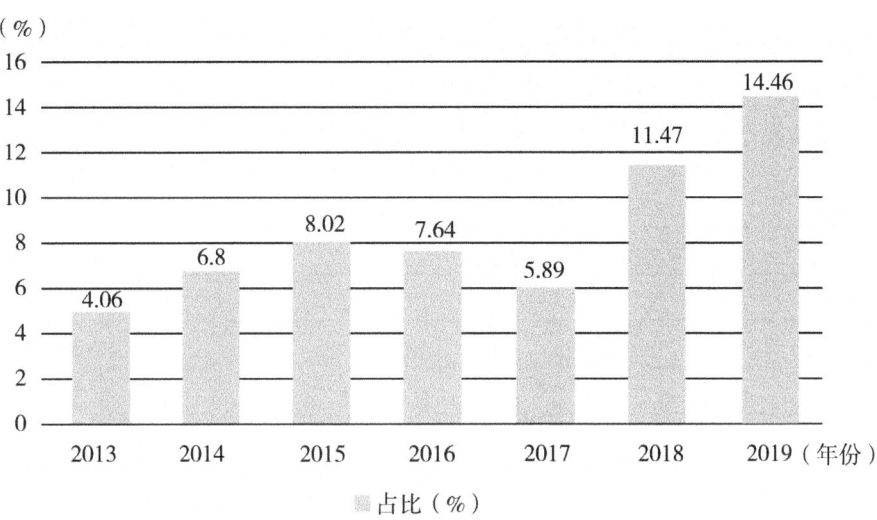

图 8-2　2013—2019 年我国动漫电影数量占比

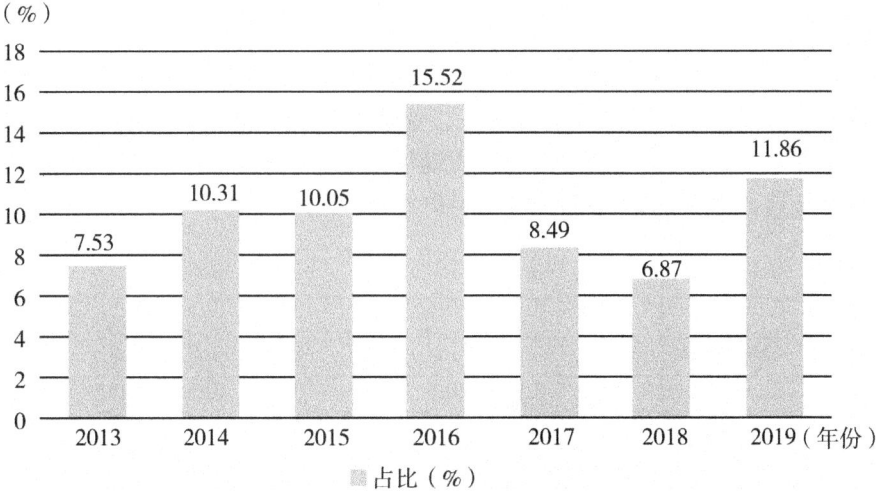

图 8-3　2013—2019 年我国动漫电影票房占比

借助优质动漫内容的进一步涌现，2018 年我国网络动漫市场进入稳步增长期，以用户付费为代表的增值服务增长强势，推动市场规模的增长。2019年，在线动漫市场规模达 26.8 亿元，同比增长 96.3%。

受到经济大环境的影响所带来的广告主营销预算削减、资本对动漫行业兴趣骤减、用户增长面临瓶颈等所带来的不利影响，在线动漫产业同样面临多方面的挑战，但在泛娱乐融合的产业背景下，行业增长的长期面依然向好。2022年在线动漫产业市场规模达56.1亿元。（图8-4）

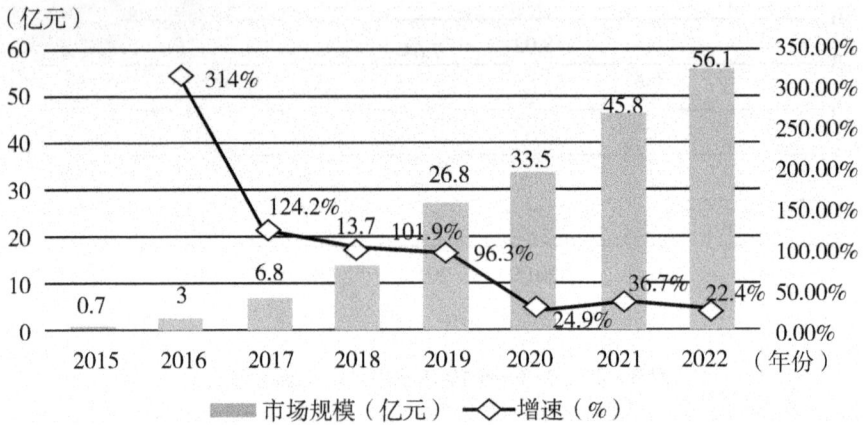

图8-4 2015—2022年我国在线动漫市场规模及增速

伴随着在线动漫平台的兴起以及二次元亚文化在年轻代际群体中的传播，我国泛二次元用户规模迎来高速增长，成为我国动漫产业发展的重要利好因素。进入2018年，得益于国内外优质动漫作品的涌现，二次元用户规模进入平稳增长期，并在2020年突破4亿用户大关。（图8-5）

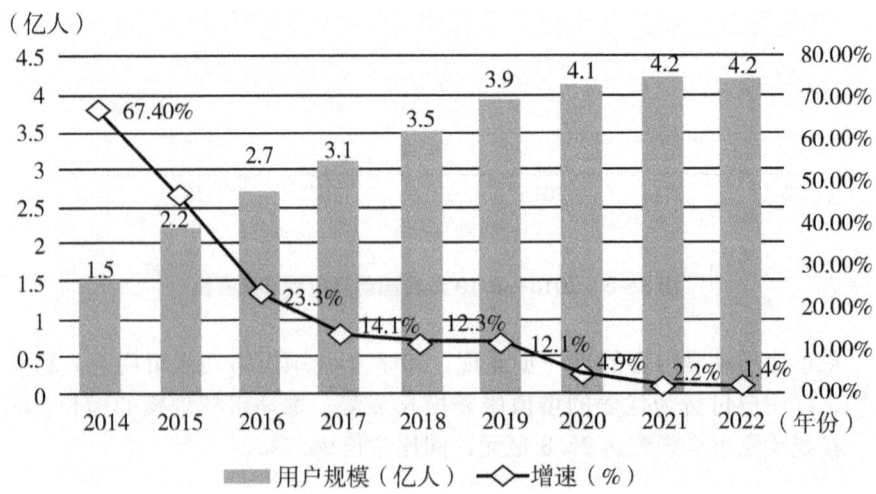

图8-5 2014—2022年中国泛二次元用户规模及增速预测

五、产业未来发展趋势

(一)动漫产业发展与民族文化融合

动漫文化的发展不仅是技术或审美的发展,更需要有深刻的文化内涵来赋予动漫文化灵魂,而民族文化正好为动漫文化的发展提供了资源,不仅为动漫创作提供了文化元素,同时动漫文化的发展,也是民族文化发展的一部分,展现了民族文化的综合实力。动漫作品需要立足于民族文化,才能创作出具有民族认同感的优秀作品;只有融合民族文化,才能创作出富有民族特色的动漫作品。中国民族文化经过数千年的沉淀,需要一个方式来展现它独特的魅力,而动漫就是这个方式。从民族文化中提取出各种元素加入动漫作品中,各种元素在动漫作品中融合可对人物形象的塑造、气氛的烘托、场景的表现、情节的推动产生作用。打造出适应现代市场需求与民族文化融合的创新作品,可以促进动漫产业的发展,为中国动漫产业的未来奠定基础。

(二)动漫产业将成为民族文化的重要传播方式

动漫文化传播对民族文化传播有着重大意义,动漫文化是民族文化新生的重要组成部分,因此,我国已经提高了对动漫产业培育和引导的重视程度,出台了各项政策,为动漫产业的发展营造了良好的市场环境。动漫产业逐渐发展起来,开始出现了一些动漫展览。另外,哔哩哔哩这类二次元视频网站,吸引了大量用户,并且开始出现周边、手办、二次元演唱会门票的售卖,也出现了动漫产业对各种活动的冠名,吸引了更多人了解动漫,喜欢动漫。我国动漫产业逐渐形成体系,不再只有动漫作品,而是将各种产业结合在一起,并向着中国动漫文化走向世界的目标迈进。

六、产业发展困境

(一)创新性不足且未实现本土化

中国漫画经历了动漫的"黄金时期"后,后续发展势头没有跟上,动漫产业一度靠承包加工国外动漫作品而存活。近年来,我国动漫产业虽有崛起之势,但原创作品依旧严重不足,且对我国优秀传统文化的理解浮于表面,更倾向于模仿甚至抄袭他国优秀动漫作品。

(二) 动漫专业人才稀缺

动漫产业是知识和技术密集型的创意产业，以创意为核心，对人才的专业知识和综合素质有着极高的要求。当前，我国对动漫这一行业的认识仍存在许多误区。大多数动漫专业的学生、从业者认为从事动漫行业只需拥有高超的绘画能力即可，简单地将动漫产业与制作动漫画上等号。

(三) 品牌效应仍未形成，产业链尚未完善

一条完整的动漫产业链应该包括"项目开发—动漫制作与播出—衍生品开发销售—再生产"。按照国际惯例，产生高额利润的部分应该是衍生品的开发销售，这部分可为动漫产业提供高达70%的利润。而通过衍生品开发销售获取巨大利润的前提，是动漫形象已获得受众认可，具有影响力的动漫品牌已形成。从整体情况来看，动画产业是一条环环相扣的产业链结构，各方面有着十分紧密的联系。而从我国动漫产业的发展情况来看，产业缺乏整体性的资源和营销方面的整合，往往单打独斗，并没有形成完整的产业链结构，起领军作用的大型开发主体并没有在真正意义上得到确立。这就导致我国动画产业整体呈现分散经营的状态，没有形成合力，还是处于比较典型的初级阶段。

七、产业政策建议

(一) 我国动漫产业发展要有高起点、宽定位

目前，从整体来看，国际上针对动漫产品的标准进一步提升。针对这一情况，我国动漫产业要想实现更好的发展、把握未来的发展趋势，就需要与国际动漫产业进行高度的融合，进一步融入国际市场，具有更高的起点。在动漫的制作方面，要树立高起点、宽定位；在动漫内容方面，不能只局限在制作儿童动画片的层面，要确保动漫产业这种新型的娱乐方式向各个年龄层推广和普及，使动漫产品的生命力得到进一步的增强，进一步有效提高动漫产业和其他娱乐形式的竞争力，使动漫产品的收视率进一步提升，吸引更多的赞助商关注动漫产业的发展，以此确保我国的动漫产业实现更大程度的发展。

中国的动漫产业始终主要把受众群体定位在幼儿与青少年群体，但事实上，动漫产品适宜的年龄段是十分宽泛的。因此，中国动漫产品定位的普遍低

龄化限制了行业的发展空间。中国的动漫企业应当进一步明确受众市场，在发展儿童动漫市场的同时，注重对成人动漫市场的开发与建设。例如，奥飞娱乐相对成功的一项 IP 是《十万个冷笑话》电影、游戏以及周边衍生品，尽管其开发形式涉及的领域有限，但也是一次较为成功的实践，是对成人动漫领域的探索与相关产业链的开拓。

（二）进一步加大资金投入和政策支持

政府应高度关注动漫产业的发展，并为其提供相应的资金投入和政策支持，为具有市场竞争力和艺术价值的动漫产品打入国际市场提供专项扶持基金。在国产动漫产品的营销和推广过程中，政府等相关部门要对播出平台的费用结合不同质量等级进行相应的保护性干预，例如，可以有针对性地制定和推行国产动漫片播出最低保护限价等措施。同时，继续投入资金和提供政策支持，为我国动漫产业的良性发展保驾护航，为国内有潜力的动漫工作室提供相对应的资金扶持，以解决相关团队建设初期缺乏资金的问题，从根本上促进我国动漫产业实现可持续发展。

（三）进一步建立健全系统更完备的产业链结构

在实际的发展过程中，政府和相关部门要组建中国动漫产业协会联盟等，针对各个机构进行协调组合，融合各类资源，从产业发展角度和民族文化发展战略层面，针对动漫产业整体发展进行科学合理的规划。同时，应具备宏观的视角和长远的发展眼光，进一步建立健全产业链结构，充分体现出人才、资金、信息、技术、创意、市场等方面的优势，整合各类资源，实现动漫产业的商品化、配套化和产业化，使动漫产业中各链条能够互相配合，使不同环节有效衔接，引导动漫产业的延伸内容能够向纸质图书、网络游戏、音像电子产品及各种衍生文化产品以及周边产品进行发展，实现立体化开发，以确保动漫产业能够实现跨越式的发展、有更为广阔的发展前景。

（四）创新企业激励方式

动漫企业应保持各项费用与业绩匹配，最小化投入产出比。同时，应强化绩效与激励机制建设，制订长期利润分享计划、专项增量激励方案，倡导增量激励文化等，通过上述强化营运管理的措施使组织增效、激活员工潜能；实行股权激励制度，建立与岗位职责、工作绩效紧密关联的收入分配制度，提高成果转化收益比例；实行企业内部提升制度，充分体现出企业对每一位员工的负责和尊重，鼓舞士气、调动原创型动漫人才的积极性与创造性，提高员工的工作热情，真实表达出以人为本的管理理念。

思考题

你对我国的动漫产业发展持什么态度？我们可以借鉴日本动漫产业哪些优点呢？

参考文献

[1] 杜丽. 3D数字技术在三维动漫设计中的应用 [J]. 电子技术与软件工程, 2021 (3): 133-134.

[2] 杜梦凡, 史稚晖, 张钊. 中国动漫产业现状及对策 [J]. 合作经济与科技, 2021 (4): 26-28.

[3] 江辅华. 中国动漫产业经济现状与发展 [J]. 营销界, 2020 (26): 3-4.

[4] 李泽伟. 我国动漫产业链存在的问题与对策 [J]. 计算机产品与流通, 2020 (3): 283.

[5] 任汝勤. 中国动漫产业发展探究：以湖南动漫产业为例 [J]. 新闻研究导刊, 2021, 12 (7): 153-154.

[6] 沙靖. 中国动画产业的发展历程及未来展望的研究 [J]. 传播力研究, 2020, 4 (23): 43-44.

[7] 王鹏云. 中国动漫的现状及发展趋势分析 [J]. 动漫研究, 2020 (1): 209-212.

[8] 张瑞静. 中国动漫广告发展浅析 [J]. 新闻界, 2010 (4): 158-160.

[9] 张之羽. 我国动漫产业发展研究：评《中国动漫产业：政策、国家与市场》[J]. 广东财经大学学报, 2023, 38 (1): 112-113.

[10] 中国新闻出版研究院中国动漫游戏产业年度报告课题组, 魏玉山, 崔海教, 等. 2021—2022年中国动漫游戏产业年度报告（摘要）[J]. 出版发行研究, 2022 (12): 21-27.

[11] 中国新闻出版研究院中国动漫游戏产业年度报告课题组, 魏玉山, 崔海教, 等. 2022—2023年中国动漫游戏产业年度报告 [J]. 出版发行研究, 2024 (2): 15-22.

[12] 周文通. 中国动漫产业的区域发展及影响因素研究 [J]. 贵州社会科学, 2020 (12): 139-146.

第九章 汽车产业

一、产业概况

(一) 产业现状

我国是全球最大的发展中国家,汽车消费市场前景广阔。受益于城乡居民收入水平日益提高以及政府部门的各项刺激消费政策,我国居民汽车消费量总体不断增长,汽车产业也实现了快速发展。

中国汽车工业协会的数据显示,2023 年,我国汽车产销分别完成 3016.1 万辆和 3009.4 万辆,分别同比增长 11.6% 和 12%。究其原因,我国汽车行业在转型升级过程中,新能源汽车核心技术不断获得突破,国内外市场规模持续扩大。国产汽车在海外市场的品牌形象和溢价能力不断提升,加上国内汽车产业在全球产业链的布局,我国汽车行业在转型升级中取得进步。

(二) 产业特征

1. 规模经济

汽车产业是最典型的规模经济产业,由于其在生产设备和技术开发上需要巨额资本投入,其制造必然要有足够的规模才能实现生产效益。规模经济指随着企业生产规模的扩大,其长期平均成本呈下降的趋势。汽车产业的生产规模和长期平均成本具有很强的相关性,其企业长期平均成本曲线明显呈Ⅰ形或Ⅱ形。这表明随着汽车企业生产能力或产量的扩大,其长期平均成本是递减的或者只有达到一定规模后才会递增。

2. 技术复杂

汽车生产具有重资产、技术复杂的特点,涉及数万个零部件,设计周期往往需 10 年以上。其规模效应与乘数效应显著,上游涉及钢铁、机械、化工、电子、橡胶等行业，几乎囊括所有制造业部门；下游涉及保险、金融、销售、汽修等行业，对现代服务业也有促进作用。汽车生产既需要对大量资本和技术进行统筹，也需要多行业的跨地域协作，对资源的时空分配提出了高要求。

3. 创新活跃

我国汽车企业创新活跃度比较高。一是规模以上汽车企业研发投入强度高于全国规模以上企业的平均值。近年来，我国汽车企业不断增加研发投入以期在国际竞争中取胜，R&D（研究与试验发展）经费支出和强度呈现不断增长的趋势。二是开展产品和工艺创新活动的规模以上汽车企业占比不断提高。三是开展组织（管理）创新和营销创新的规模以上汽车企业占比也在不断扩大。

（三）发展历程

1949年我国组织建立汽车工业筹备组，正式开启了中国汽车工业发展的道路。从第一汽车制造厂建立，1956年首辆国产解放牌卸货汽车驶下生产线，到今天已经过去近70年的时间，这其中经历了风风雨雨。本章将中国汽车产业发展的历程分为如下四个阶段。

1. 起步阶段（社会主义初期）

这一阶段主要是我国汽车工业的起步阶段，建立了第一汽车制造厂，通过学习苏联汽车工业体系，成功引进了技术和生产能力，完成了中国汽车工业从无到有的转变。通过学习苏联的汽车生产技术，我国开启了汽车工业现代化生产的新时期。但后来由于一系列原因导致中苏两国合作中断，我国大规模的生产技术引进被迫停止，与此同时，世界上其他国家汽车产业的迅速发展使中国的汽车产业生产水平与世界整体水平的差距不断加大。

2. 后计划经济时代（20世纪80年代—1993年）

20世纪80年代到1993年，由于落后的生产能力和有限发展预算的制约，中央政府制订并实行严格的产功能性业发展计划，统筹高度集中的汽车市场。骨干汽车企业凭借制度偏向获取了绝对的市场优势，高度嵌入国家政治体系中。这种嵌入使得国家可以在资本和技术十分有限的情况下，集中力量发展汽车产业，快速奠定汽车产业的基础。1988年，国务院发布《关于严格限制轿车生产点的通知》，明确提出了轿车生产的"三大三小"空间布局，只支持一汽、二汽和上汽三个轿车生产基地和北京、天津、广州三个轿车生产点。另外，我国紧跟发达国家的脚步，借鉴日本通商产业省模式，利用政策限制外国厂商进入，为国内主要汽车企业的生产与销售保驾护航，计划快速实现国内的"汽车化"。

3. 后政策扶持到全球生产网络（1994—2008年）

1994—2008年我国汽车市场在国内处于逐步自由化阶段，汽车产业的主导力量从国家政治体制中逐步脱嵌，转向依靠产业扶持政策并逐步嵌入全球生产网络中。这个过程不仅是"市场换技术"的简单资源交换，而且是国有汽车集团通过合资模式开始嵌入全球生产网络中，成为汽车全球生产网络的一部分。汽车生产的技术也不是被简单、顺利地移植到中国，而是通过国有合资企业逐步在生产中学习、消化、吸收，将其转化为本土企业的实际生产力。在国家政策的扶持下，地方政府和合资企业成为新一轮发展的主导力量，吸引资本的进驻和技术转移。

4. 多样化与独立自主（2009年至今）

2009年至今，随着全球化进程推进和国内宏观政策的新一轮调整，本土汽车企业嵌入全球生产网络的程度不断加深。新能源汽车研发为行业成长带来机会窗口。这一时期，拥有自主品牌的本土汽车企业凭借技术创新形成市场优势，逐渐向中端市场进军。2009年我国汽车销量突破1300万辆，2010年达到1800万辆，我国连续两年成为世界汽车产销量第一的国家。但从2011年开始各项支持政策陆续退出，我国的汽车产业又出现了明显的增长速度回落，转为稳定性增长。

二、市场结构分析

市场结构是对市场竞争程度及价格形成等生产战略产生影响的市场特征。衡量市场结构状况的指标有市场集中度、进入壁垒、退出壁垒和规模经济等。本章从以上四个方面对中国汽车产业的市场结构进行分析。

（一）市场集中度

市场集中度指标包括绝对指标和相对指标，前者主要是行业集中度指标（CR_n），后者包括基尼系数（Gini coefficient）、赫芬达尔指数（HHI）、洛伦兹曲线（Lorenz curve）。市场集中度被认为是衡量市场结构最基本、最主要的方法，是市场垄断程度的直接反映指标。市场集中度越高，说明市场中垄断程度越高。

2023年中国前五大品牌集中度较低，保持在20%~30%的水平。

2023年前五大销量品牌分别为比亚迪、大众、丰田、长安、奇瑞。

新能源汽车行业的市场集中度（CR_5）近年来经历了显著变化。2020—2023年，CR_5从45%跃升至62%，主要得益于头部企业技术壁垒成型、政策催化与规模化效应等。2024年，受新势力入场与价格战影响，CR_5短暂回调至58%，调整为比亚迪（28%）+特斯拉（12%）+小米（8%）+理想（6%）+蔚来（4%）。

（二）差别化战略

差别化战略即企业提供与众不同的产品和服务，满足消费者的特殊需求，形成竞争优势。汽车的价格从几万到上千万甚至亿元不等，价格如此悬殊，意味着汽车产品具有差异性。汽车行业的产品差异化体现在以下三个方面：汽车发动机、变速箱、底盘，这三大件是一辆车的驾驶品质的最根本保证；汽车内饰，是车辆乘坐舒适感和乘坐视野的体现；品牌影响力，例如宝马、奔驰和保时捷与其他品牌的区别和身价。差别化战略形成了进入障碍，减低了顾客对价格的敏感程度，增强了顾客讨价还价的能力，防止替代产品的威胁。

1. 产品差别化

在顾客看来，差异是有价值的，顾客愿意为心仪的产品支付更高价格，价格的提高可以弥补差异化运作带来的额外成本支出。不同类型的汽车的品质不尽相同，可以通过提供与众不同的有形产品来实现。

2. 服务差别化

产品和技术因同质化而易于被模仿，加上顾客更关注服务水准，因此，服务往往成为决定顾客购买意向的因素。在服务环节打造差异化特征成为企业建立竞争优势的途径。

3. 品牌差别化

品牌差别化是企业差别战略的最高境界，以差别化产品为基础、长期差别化服务为积累，企业可以形成美誉度并获得客户忠诚度，从而体现出企业品牌的与众不同。

（三）进入壁垒

进入壁垒是指新企业进入特定市场所遇到的一切经济、技术以及法律、行政制度障碍的总和。这种障碍使得潜在的进入者与现存的企业相比面临种种不利的条件，承受着已有企业不必承受的成本负担，从而在竞争过程中处于不利地位，面临较高的市场进入壁垒。进入壁垒可以分为规模经济壁垒、必要成本壁垒、绝对成本壁垒、沉淀成本壁垒、产品差别壁垒，以及法律壁垒、政策壁垒等。

我国汽车产业的规模经济作用的日益突出，绝对成本差异优势成为决定国外寡头厂商市场地位的重要因素，成本竞争从而决定的价格竞争成为驱逐劣势厂商、阻碍新的厂商进入市场的重要手段。但是，建立在品牌优势基础上的产品差异优势，也抑制了我国本土汽车企业的发展，成为进入市场的重要障碍。另外，大型厂商拥有的遍布全国的销售网络和售后服务网络，也在事实上成为小规模汽车厂商和跨国公司进入中国汽车市场的主要壁垒。

随着我国加入WTO（世界贸易组织），外国企业进入我国市场的关税税率降低与非关税壁垒逐步取消，跨国公司的大量资本与产品进入我国市场，进一步加剧了市场结构的跨国传导，我国的市场结构逐步与国际市场相接近，我国汽车产业的进入壁垒进一步提高。

（四）退出壁垒

退出壁垒是指企业消减或停止其所从事的特定业务，从特定市场退出时的障碍。退出市场意味着企业停止生产原来的产品，将资产转让或转为他用。

因为投入资产的耐久性与专用性，退出活动可能涉及高成本、信息隔阂、管理层的抗拒、资产处理等问题，加之我国产业政策的约束和社会的就业问题，这些因素均构成了我国汽车生产企业过高的退出壁垒。我国汽车产业的退出壁垒主要是由汽车产业本身的特征导致的，即大量的沉没成本的投入和寻找接手企业过程中大量的寻找成本。

三、市场行为分析

市场行为是指企业在充分考虑市场的供求条件和与其他企业的关系的基础上，所采取的各种策略和行为。产业组织理论主要研究寡头竞争市场条件下的市场行为。市场行为的根源在于市场结构。与发达国家的先进企业存在很大差距,这导致了中国汽车产业的价格行为、兼并合作和广告行为,并为整个产业的市场绩效的提高打下了基础。

(一)价格行为

根据2024年的数据,尽管乘用车销量增长了5.5%,达到了2289.4万辆,但是由于激烈的价格战,行业利润大幅下滑。全年降价车型数量显著增加,新能源车和常规燃油车的新车降价力度分别达到1.8万元(9.2%)和1.3万元(6.8%),这表明销量的增长伴随着价格的下降。

(二)并购行为

兼并行为是指两个或以上企业在自愿基础上通过法律规范订立契约而结合成一个企业的组织调整行为。合作行为是指相关联的企业为了提高专业化协作水平,通过契约的形式相互提供产品与服务的联合行为。兼并、合作均是企业在市场竞争中采用的战略手段。在市场调节的条件下,企业为了获得最大利润,会不断地降低生产成本。

(三)广告行为

广告行为是企业在市场上经常采用的一种主要的非价格竞争方式。随着我国汽车产量的增加,汽车市场供求关系也发生了改变,原来的汽车卖方市场正在向买方市场转变。现在,汽车品种繁多,不同品牌的汽车在性能上比较接近,消费者在选择汽车时较易受到对品牌认知度的影响。因此,汽车企业在广告促销方面的行为对其销量的提升有重要的作用。

受国外汽车广告和消费者需求的影响,汽车广告内容逐渐走"亲民"路线,语言表达偏向含蓄和简洁。广告宣传形式,近年来也是多姿多彩:除了传统的电视和纸媒广告,网络成为汽车广告争先进入的"宝地",如抖音、哔哩哔哩、公众号宣传等,在电视剧或电影中的广告植入也是一种主要方式。

四、市场绩效分析

(一)行业经济效益

2023年,汽车产销累计完成3016.1万辆和3009.4万辆,比上年分别增长11.6%和12%,产销量双双突破3000万辆,均实现较快增长。2023年,规模以上汽车制造业增加值比上年增长13%，高于同期规模以上制造业增加值增速8个百分点；完成营业收入增长11.9%，高于制造业营收增速10.6个百分点；实现利润总额增长5.9%，高于制造业利润增速7.9个百分点；汽车类零售总额累计完成48614亿元，增长5.9%，占社会消费品零售总额的10.3%。汽车产业总体保持较快增长势头。

展望未来，我国经济运行将继续保持稳定恢复，这对汽车消费的稳定起到良好支撑作用。但全球经济复苏仍存在不稳定因素，国内不同行业间的发展也存在差异，经济持续恢复基础仍需巩固，特别是芯片供应问题对企业生产的影响依然较为突出，原材料价格大幅上涨进一步加大企业成本压力，这些问题都将影响汽车产业，因此我们仍然需要审慎乐观地看待该产业的发展。

（二）技术进步程度

1. 研究费用占销售收入的比重

创新能力一直是我国汽车产业的薄弱环节，也是导致我国汽车产业"大而不强"的关键因素之一。虽然目前我国的汽车研发能力与国外汽车强国的研发能力差距较大，但是随着企业对创新能力的重视以及政府的政策鼓励，我国与汽车强国的技术差距将不断缩小。

2. 工程技术人员比例

工程技术人员直接关系着技术进步程度。美国通用汽车公司前总裁阿尔弗雷德·斯隆曾说，"把我的资产全部拿走，把我公司的人才留下，五年后我将使被拿走的一切失而复得。"在我国各大汽车企业逐渐重视研发能力的背景下，汽车工程技术人员的比例逐渐上升，从2003年的10.8%增加到2023年的15.6%，但这一比例与欧美发达国家30%的比例差距仍然较大。

五、产业未来发展趋势

《中华人民共和国国民经济和社会发展第十四个五年规划和2035年远景目标纲要》（以下简称《"十四五"规划纲要》）作为中国制造业各行业的行动纲领，同样为中国汽车行业的下一个五年指明了发展方向。

（一）节能减碳是整个汽车行业的使命，节能汽车和新能源汽车应齐头并进。

在提出"碳中和"目标后，《"十四五"规划纲要》再次强调了绿色发展的重要性，例如，在指导思想方面提到坚定不移贯彻创新、协调、绿色、开放、共享的新发展理念；在2035年远景目标中提到广泛形成绿色生产生活方式。无论是从我国能源布局的角度还是从绿色环保、碳中和理念的角度，发展新能源汽车都是大势所趋。

（二）攻克高端零部件难题，真正实现自主供应链。

《"十四五"规划纲要》第八章"深入实施制造强国战略"中提到，新能源汽车和智能（网联）汽车成为制造业核心竞争力提升中的一项，应突破新能源汽车高安全动力电池、高效驱动电机、高性能动力系统等关键技术，加快研发智能（网联）汽车基础技术平台及软硬件系统、线控地盘和智能终端等关键部件。

《"十四五"规划纲要》第九章"发展壮大战略性新兴产业"中提出，聚焦新一代信息技术、生物技术、新能源、新材料、高端装备、新能源汽车、绿色环保以及航空航天、海洋装备等战略性新兴产业，加快关键核心技术创新应用，增强要素保障能力，培育壮大产业发展新动能。

2020年新冠疫情暴发，从上半年的汽车零部件断供到下半年芯片短缺危机等，都迫使汽车行业意识到，必须解决关键零部件"卡脖子"问题，中国汽车行业才能得到长足发展。

此外，《"十四五"规划纲要》还再次强调应突破动力电池、高效驱动电机、高性能动力系统智能（网联）汽车基础技术平台及软硬件系统、线控地盘和智能终端等关键部件，但其实在《"十四五"规划纲要》发布前，就已有不少车企开始有所计划了。（表9-1）

表9-1 4家车企的布局计划

公司名称	布局计划
一汽集团	①2020年10月,一汽启动"3310+N"技术攻关计划,计划用3年时间,实现红旗、解放、奔腾三大自主品牌的十大类关键核心技术突破,聚焦智能驾驶传感器、超算平台、车路协同、燃料电池和热效率45%高效发动机等关键技术进行重点研发; ②"十四五"期间,一汽集团预计投入资金1100亿元,用于发展新兴技术和新兴产业
东风零部件	2020年10月,东风零部件对外公布,"十四五"期间将从底盘系统技术、智能驾驶系统技术、智能座舱系统技术、电驱动系统集成技术和关键领域制造技术这五大核心技术出发,攻克当前零部件行业"卡脖子"技术
北汽集团	2020年11月,北汽集团公布,"十四五"期间将围绕智能技术、产品、生态与交通四大领域,建立自动驾驶域控制器技术、智能驾驶算法和5G网联技术等核心技术平台,并于2025年实现L4级自动驾驶产品量产
比亚迪	2020年12月,比亚迪发布公告称,批准控股子公司比亚迪半导体股份有限公司分拆上市,加快推进半导体业务的发展

(三) 新能源汽车相关配套设施产业机会大

《"十四五"规划纲要》第二十九章"全面提升城市品质"中提出,加快推进城市更新,改造提升老旧小区、老旧厂区、老旧街区和城中村等存量片区功能,推进老旧楼宇改造,积极扩建新建停车场、充电桩。

目前,中国的充电桩数量的不足,已经成为遏制新能源汽车产业发展的最大阻力之一。加大充电设施的建设,是促进新能源汽车行业发展的重要手段。因此,"十四五"期间,充电桩的有效投资仍然有很大的发展空间。

根据工业和信息化部发布的《新能源汽车产业发展规划(2021—2035)》(征求意见稿),预计到2030年,我国新能源汽车保有量将达到6420万辆。按照车桩比1:1的建设目标来计算,未来十年我国充电桩建设将存在约6300万的缺口,预计将形成万亿元的充电桩基础设施建设市场。图9-1显示了2015—2020年我国新能源汽车与充电桩保有量。

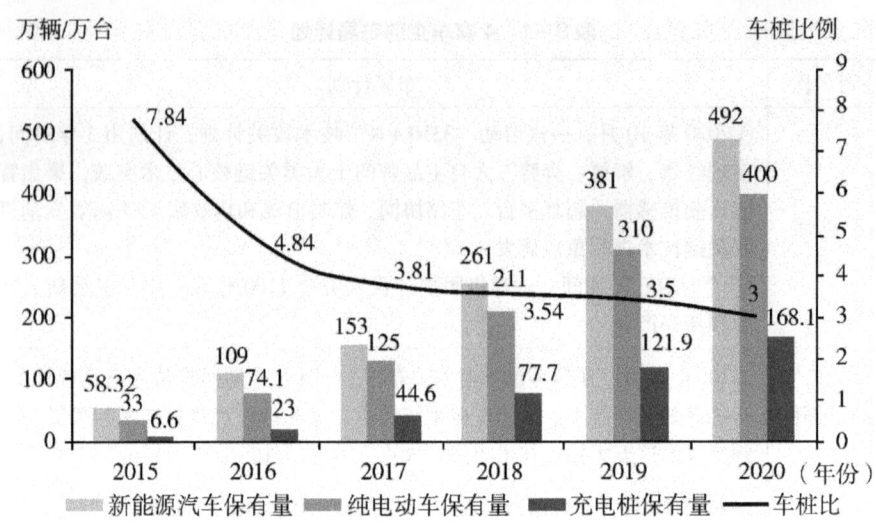

图 9-1 2015—2020 年我国新能源汽车与充电桩保有量

六、产业发展困境

我国从 2009 年开始就成为世界第一的汽车产销大国，但令人尴尬的是，我国汽车产业仍处在"大而不强"的境地。究其原因，主要存在以下问题，还有很漫长的路要走。

（一）市场集中度低，企业数量多，规模经济不显著，存在规模约束

对于汽车产业来说，规模经济是其突出的特点。技术密集度的不断提高，使得范围经济对汽车产业的影响日益重要。企业只有扩大规模，达到规模经济状态，才能在激烈的市场竞争中获得立足之地，才能够在技术研究和产品开发中承受高额的科技投入费用。虽然近年来我国汽车企业规模不断扩大，但与世界著名汽车公司相比，规模仍然偏小。

（二）企业技术创新面临缺陷

核心零部件生产企业的自主创新能力水平在很大程度上决定了一个国家汽车产业的自主创新能力。在大多数发达国家，零部件企业与汽车整车企业在研发环节实行专业化分工，使得国外汽车产业呈现零部件企业的研发同步或超前

于整车企业的状况。

七、产业政策建议

（一）汽车产业要合理优化组织结构

应建立整、零汽车工业的分工协作体制以及零部件工业内部的协调体制，通过与国内外汽车厂商的联合协作实现专业化和规模化的生产，形成零整企业之间的战略联盟。相关部门要以合理的身份，帮助汽车产业实现产业组织结构的合理化调整与改造，促成寡占型市场结构的形成，以维持较高的产业集中度。

（二）促进我国汽车产业组织结构的优化

相关部门应继续制定并落实鼓励企业进行兼并、联合的政策，促进汽车产业间的兼并活动，从税收、金融上支持优势企业兼并劣势企业，统筹解决和安排被兼并企业的债务和职工就业。同时相关部门要重视和实施汽车企业联合政策，通过组建跨地区、跨部门的大型汽车企业集团，减少汽车企业间的摩擦，以实现规模经济和活力兼容的有效竞争。

（三）推动技术创新能力驱动发展

后疫情时代，我国要以创新管理与服务模式，推动经济社会可持续发展。同时，此次疫情将进一步加速汽车产业的结构调整、产业链、供应链的优化，并将成为中国汽车行业新的加速起点。随着技术的进步、市场需求的改变，我国汽车产业还需要继续加大对电子、新能源汽车的研发力度，努力进入、扩大国际市场。如广汽集团、比亚迪集团等都在积极研发新能源汽车，不断提升新能源汽车的续航能力和功能，目前在我国的汽车市场取得不错的成绩。

思考题

1. 新能源汽车是否能取代传统汽车？为什么？
2. 我国新能源汽车在研发技术上有什么突破？与其他国家相比有什么优势或不足？

参考文献

[1] 陈军,成金华,付宏. 中国汽车产业：SCP 范式的分析 [J]. 产业经济研究, 2004 (6)：14 – 20, 59.

[2] 迟凤玲. 中国汽车产业未来发展预期良好 [J]. 中国科技论坛, 2020 (9)：2.

[3] 费劲,陈銮,谢芷莹. 中国汽车产业发展历程与嵌入性演变 [J]. 生产力研究, 2019 (4)：82 – 87, 128.

[4] 胡芹鹤. 中国汽车市场探索 [J]. 老字号品牌营销, 2021 (6)：55 – 56.

[5] 潘雪. 中国汽车产业发展概况 [J]. 市场周刊, 2020 (2)：45 – 49.

[6] 张兵,宋超凡. 数字化转型对新能源汽车产业链企业技术进步的影响 [J]. 河北经贸大学学报, 2024, 45 (5)：73 – 87.

[7] 张玲红,夏雨微,朱立龙. 考虑电动汽车销售目标的最优充电站数量与政府补贴决策研究 [J]. 中国管理科学, 2024 (9)：1 – 35.

[8] 张明志,王新培,余东华. 政府补助对新能源汽车产业创新结构的影响 [J]. 中国人口·资源与环境, 2024 (7)：35 – 46.

[9] 朱慧. 新时代中国汽车产业发展的挑战、机遇和战略 [J]. 内燃机与配件, 2020 (23)：179 – 181.

第十章　生物医药产业

一、产业概况

生物医药产业是20世纪70年代在生物技术的基础之上逐渐发展起来的。由于具有高附加值、高技术含量等特性，生物医药产业受到了各发达国家的重视，并给予其政策上的支持。美国、欧洲、日本等国家和地区纷纷将生物医药产业作为下一个经济增长点，生物医药产业的发展进一步加快。经过数十年的发展，生物医药产业已经成为各国国民经济中的重要组成部分，并在社会经济发展中扮演着越来越重要的角色。

同时，生物医药产业是21世纪创新最活跃、影响最深远的新兴产业之一，不仅能够为人类的生命健康安全做出重要贡献，还成为经济增长的新动能。

（一）定义

生物医药是指将生物技术应用于制药产业，进行药品的开发和生产。生物医药产业受到生物技术产业的约束，并随着生物医药产业不断发展壮大，生物技术将在生物医药产业中占有越来越高的比重。

生物医药产业由生物技术产业与医药产业共同组成。生物技术产业包括基因技术、生物信息技术等，涉及医药、能源等多个领域。医药产业不仅包含制药产业，还包括生物医学工程产业；两者是现代医药产业的两大支柱。其中，制药就是将生物技术用于药品的研发；生物医学工程主要是从工程学的角度出发，对人体结构进行多层次的研究，研究防病、治病等相关领域的人工材料。

学术界对于生物医药产业的定义有广义和狭义之分。广义的生物医药产业，指所有与生物技术有关的药品（包括人用药品、兽药、农药以及医疗器械）生产和使用有关的组织和企业的集合；狭义的生物医药产业，指与人相关的生物技术与制药的结合。广义的生物医药产业定义和狭义的生物医药产业定义相比，纵向上都包括了原料采集、产品生产以及产品应用三个步骤，但是在横向上，狭义的生物医药产业仅限于与人相关的范围。适用范围的大小，可以说是生物医药产业广义定义与狭义定义的最大区别。

(二) 特征

生物医药产业作为我国七大战略性新兴产业之一，有其独特的产业特征。生物医药产业是在生物技术和制药技术两大基础之上发展起来的，在生物医药产业发展初期，就有较高的产业技术门槛，随着产业的持续发展，对投资者的要求也越来越高。但是，高投入随之带来的就是高效益和对社会的贡献。生物医药产业具有四大产业特征：技术密集型、资本密集型、高回报率以及正外部性（表10-1）。

表10-1 生物医药产业的特征

特征	内容
技术密集型	生物医药产业是技术密集型产业，技术密集型产业又称为知识密集型产业。产业的起源和发展与高水平的基础研究关系极为密切。也就是说，发展生物医药产业需要有较强的人才和技术储备。具备高技术也成为企业涉足生物医药产业的第一道门槛。一项生物医药产品的产生，背后是复杂的技术研发体系的支撑。生物医药学综合了微生物学、生物学、医学和生物化学等学科，涉及微生物学、化学、生物化学、生物技术、药学等科学的原理和方法，产品用于疾病预防、诊断和治疗。由此可见，生物医药产业是多学科、多产业相互交叉渗透共同组成的产业
资本密集型	生物医药产业与其他产业相比，需要更大规模的投入。只有在资金投入得到一定的积累后，才有可能制造出新的生物医药产品。其中，资金投入的绝大部分用于生物医药的研发阶段，包括研发人员的费用、研发设备的采购、新技术的引进与消化等等。生物医药研究项目的平均费用，达到1亿~3亿美元。而生物医药企业基础设施的建设以及产品生产线的建设，也需要非常大的资金投入。可见，规模巨大的产业化投资和发育良好的资本市场是生物医药产业发展必需的助剂
高回报率	产品的寿命周期长，利润丰厚。一般来说，新的生物医药产品，投入市场2~3年就能收回全部的研发成本。因为生物医药产业具有明显的知识产权保护特性，凡是专有的技术都会得到法律的保护，而这些专有的技术所带来的是大量的垄断利润。当然，生物医药产业的高回报率是建立在前期大量的人力、物力、财力的基础上的。"前期投入大，回报周期较长"，即研发投入对于资金的需求高，生物医药产品更替快，药品和生物技术上市之后盈利回报周期较长。而对于一些的国家或者企业来说，高额前期的投入成为他们进入生物医药产业的门槛

续表

特征	内容
正外部性	生物医药产业的发展可以较大程度地提高社会效应,提高人们的社会福利,对国民经济的发展也有一定的影响。外部性是马歇尔在20世纪初提出的。外部性是指在经济活动中,某一生产者或消费者所进行的活动对其他生产者或者消费者所产生的有利或有害的影响。外部性有正外部性和负外部性之分。正外部性是指私人收益小于社会收益的社会经济活动,MSC是指边际社会成本,MPB是指边际个人收益,MSB是指边际社会收益。在完全竞争市场条件下,由于正外部性的存在,均衡点由C变动到A,而三角形ABC的面积就是正外部性所带来的外部收益。生物医药企业技术的发展不仅能够带动整个行业技术的进步,促进生产力的提升,还能够造福人类,使人们得以使用疗效更好的药品

二、产业属性

(一) 市场需求弹性

我国生物医药产业发展仍然处于初级阶段。2024年,我国医药生物产业占GDP的比重大概是6.8%,如果减去医院建设、医务人员等费用后仅剩5%左右。但是我国生物医药产业发展前景广阔,市场潜力巨大。截至2023年末,我国60岁以上人口为29697万人,占总人口的21.1%,人口老龄化趋势明显,"银发经济"消费群体和规模进一步扩大,使生物医药产业的市场需求增加,且市场需求弹性较小。

(二) 市场需求增长率

市场需求的增加对产业结构发展方向的影响是不确定的:一方面市场需求的扩张会给潜在企业带来进入市场的机会,使新企业出现并占据一定的市场份额,使不成规模的小厂商在扩大规模的同时提高经济效益,从而有机会参与大企业之间的竞争,这会使得市场集中度下降;另一方面,市场需求的扩张会刺激原有企业扩大规模以获取更多利益,并且已有企业的规模大于新进入企业,具有一定的优势,有企业甚至会利用机会排挤中小企业,从而占据更多的市场份额,进而提高市场集中度,这将不利于行业向竞争型发展。

（三）市场规模

从整体上看，近年来我国医药产业整体形势稳中向好，市场规模呈现逐年增长的态势，但增速呈现逐年递减的趋势。中商产业研究院发布的《2023—2028年中国生物医药行业分析及发展预测报告》的数据显示，2022年我国生物医药市场规模达18680亿元。2023年，我国生物医药市场规模增至25636亿元。

据统计，2023年规模以上医药工业增加值约1.3万亿元，按照不变价格计算同比下降5.2%；规模以上企业实现营业收入29552.5亿元，同比下降4%；实现利润4127.2亿元，同比下降16.2%；上述三项指标增速多年来首次均为负增长，且分别低于全国工业整体增速9.8%、5.1%和13.9%。各指标全年走势呈W型，第一季度下行，第二季度降幅收窄，第三季度再度触底，第四季度有所回升。[①]

综合分析可知，影响行业经济指标的正面因素包括如下三个。一是药品终端消费复苏明显。随着诊疗活动恢复正常，2023年1—9月我国医疗卫生机构总诊疗人次同比增长6%。根据中国药学会样本医院数据库，2023年样本医院用药金额同比增长4.95%。根据国家统计局数据，2023年中西药品类零售总额（限额以上单位）同比增长5.1%。二是部分领域药品销售增长明显，如一些针对大病的创新药、解热镇痛药、抗病毒药、呼吸系统用药以及中药饮片等。三是化工原料价格普遍下跌，有利于化学原料药成本下降。总体来看，2023年经济指标出现负增长的最主要原因是2022年疫情防控产品销售导致的统计基数较高，如果和2019年相比，2023年营业收入、利润分别增长13%和19.4%，4年间复合年均增长率分别为3.1%和4.5%，基本处于合理水平。但不容忽视的是，如产品降价、医药出口放缓等因素，将持续影响今后一段时期行业的发展。[②]

---

① 中国医疗器械行业协会：《2024年我国医药行业运行情况分析》。
② 中国医药企业管理协会：《2023年医药工业运行情况》，https://www.cnppa.org/public/editor/attached/file/20240328/20240328064809_93380.pdf。

三、市场结构分析

（一）市场集中度

从行业集中度来看，2020年血液制品细分领域集中度相对较高（按批签发量），CR_4为74%；疫苗领域（按批签发量）CR_4为32.80%，行业集中度有待提高；单抗（按营收）领域CR_4为28.44%，集中度亦有待提高。（图10-1）

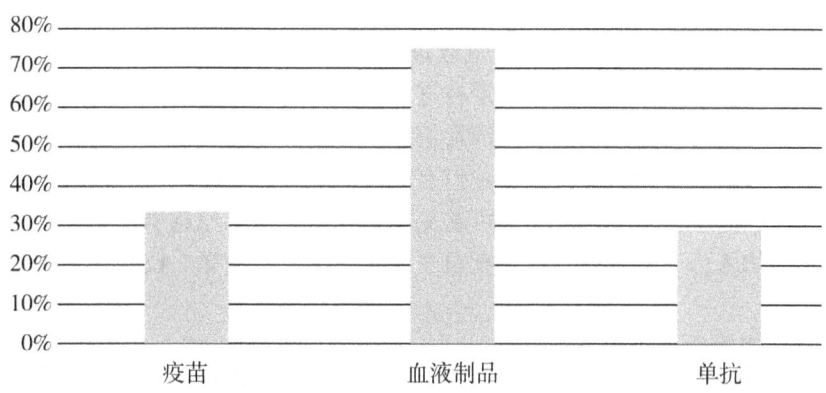

图10-1　2020年中国生物医药行业市场集中度（CR_4）

资料来源：根据相关数据整理。

（二）产品差别化

产品差异化很难用一个实际指标来明确衡量，但可以使用企业新产品的产值与总产值的比率来分析。近年来，我国生物医药企业新产品销售收入逐年递增，新产品销售收入和企业的主营业务收入之比也逐年提高，企业的新产品开发带来的收入亦逐年增加，这表明企业产品之间的差异有增大的趋势，即行业产品差别开始显现。

（三）进入与退出壁垒

1. 进入壁垒

产业内新进入的企业需要与该产业中的已有企业进行竞争，从而产生许多相对于已有企业不利的因素和阻止新企业进入的障碍，这些因素和障碍就是企业的进入壁垒。

进入壁垒是影响产业市场结构的主要因素之一，是指产业中现有企业对潜在进入企业或新进入企业的一种竞争优势。这些优势是通过现有企业可以持久地维持高于竞争水平的价格而没有导致新企业的进入反映出来的。对产业进入壁垒的考察，主要是为了研究新企业进入该产业后市场出现的新形势和新变化，侧重分析市场中现有企业与潜在进入企业之间的竞争关系，在某种程度上反映的是市场潜在的竞争强度。通常情况下，当产业进入壁垒很高时，产业内现有企业的垄断力量就会较强，他们有能力通过制定垄断价格的方式实现垄断利润，同时由于壁垒难以突破又可避免新企业带来的激烈竞争。

对生物医药产业来说，市场壁垒主要有规模经济壁垒、技术壁垒和政策法规壁垒等。

（1）规模经济壁垒。

所谓规模经济，即企业的平均生产成本随着生产规模的扩大而下降。其中，规模经济壁垒的内涵，是指对于那些具有规模经济特征的行业，新企业在未达到一定市场份额之前，其生产规模不足导致其生产成本偏高，不能享受规模经济的好处，相对于产业内已有的企业，存在一定的竞争劣势。

一方面，生物医药产业是资本密集型产业，最低经济规模成本高，前期资金投入量大，会给新企业进入带来困难。一般来说，最低经济规模越大，新的医药企业进入的成本性壁垒越高，因此该产业市场结构壁垒高。另一方面，根据日本著名经济学家植草益对规模经济壁垒程度的分类标准，计算公式如下：规模市场比重（d）=最优规模（S/N）/市场规模（S）=$1/N$，其中 S 为总产量，N 为企业数。从《中国统计年鉴 2020 年》中可以获取数据，2019 年全国共有 847 家生物医药制造企业，则 $d = 1/847 = 0.1181\%$，$d < 5\%$。因此，中国生物医药产业属于低规模经济壁垒的产业。

（2）技术壁垒。

首先，生物医药产业是技术密集型产业，即知识与技术高度密集的高新技术产业。其次，生物医药产业研发和生产技术难度大、设备要求高、工艺路线复杂，对生产环境的要求非常严格。其中，研究开发一个新药或仿制药一般需要10年左右的时间，对研发人员的技术水平、经验积累等综合素质有很高的要求。从实际情况看，我国绝大多数的生物医药企业还停留在仿制药的竞争上，且产品多集中在较为低端的仿制疫苗、血液制品。因而，目前我国生物医药产业的技术壁垒较低。

（3）政策法规壁垒。

我国在医药行业准入、生产经营等方面制定了一系列的法律、法规，包括《药品管理法》《药品生产企业管理条例》《开办药品生产企业暂行规定》等。此外，新进入企业要满足获得产品批号和生产车间，首先必须满足药品生产质量管理规范（GMP）认证等多方面的要求，我国在"十四五"期间发布了一系列相关政策支持生物医药产业的发展。可见，我国生物医药产业的政策法规壁垒在不断提升，但仍需学习美国、日本等国家的先进经验，完善政策法规壁垒，促进生物医药产业的发展。

2. 退出壁垒

与进入壁垒相对应，已有企业退出市场或者削减原有业务所面临的障碍，就是退出壁垒。退出壁垒是指企业在退出某个市场时所面临的诸多阻碍。退出壁垒的高低会显著影响企业决策，如退出市场的成本高昂，企业进入市场的积极性就会削弱，在某种程度上加强了市场垄断力量。

生物医药产业作为技术密集型和资本密集型产业，相较于其他产业，企业在进入市场时需要有较强的人才和技术储备，同时需要投入大量的资金，主要用于生物医药的研发，包括研发人员的费用、研发设备的采购、新技术的引进与消化等。由于受到沉没成本以及设备专业性的影响，企业退出生物医药产业的成本高昂。

四、市场行为分析

（一）定价行为

党的二十大以来，政府持续完善药品供应保障制度，规范医药市场流通秩序，降低虚高药价。政府放开对价格的管制，必然会引发激烈的市场竞争。

由于我国药品产品差异化程度不高，"仿制药"现象严重，众多企业为抢占市场份额，势必会开展激烈的价格竞争。但随着竞争的演化，低竞争力的企业势必会退出市场，拥有专利权的企业将掌握医药市场的话语权。

（二）广告行为

医药制造业企业的广告主要用于宣传药品的疗效，进而提高企业形象。伴随着医药制造业的迅速发展以及行业竞争的加剧，目前我国对药品广告也出台了一系列的政策法规。

非处方药广告的投入力度不断增强，但是假冒伪劣药品也经常出现在大众视野。投放药品广告的媒介主要有电视、报纸杂志和网络等。尤其是随着网络的快速覆盖，博思数据发布的《2024—2030年中国医药市场分析与投资前景研究报告》，显示我国医药广告市场规模持续扩大，增长速度较快。

（三）技术进步行为

根据《"十四五"生物经济发展规划》，"十四五"期间明确将生物经济作为我国科技经济发展的重要内容，以生命科学和生物技术为动力，广泛深度融合医药、健康、农业、林业、能源、环保、材料等产业。规划强调生物制造作为战略性新兴产业，推动生物技术替代化工原料和过程，发展生物环保材料和制剂，实现工业产品制造与生物技术深度融合。

（四）并购行为

生物医药产业内的企业并购带有典型的"资本加技术"特征。新药高昂的研发投入和巨大的研发风险使众多创业型中小生物医药企业难以承担，常常面临资金问题，而对于已经具备一定资本优势的大型生物制药公司而言，借助资本的力量快速整合极具潜质的项目型公司是企业快速扩张的捷径。随着生物医药产业的迅速发展，生物医药产业开始进入技术升级整合期。

目前，我国生物医药产业的并购有3个主要特征：一是跨境并购增加；二是跨境并购中开始凸显带控股权的收购；三是收购溢价增长，特别是更加明显的控股权并购。企业间的并购或合作可以使企业降低采购成本、单位产品固定成本和劳动成本、平均营销成本以及单位产品中分摊的研发费用等支出，但是这要以企业管理能力的同步增长为前提，否则达不到规模经济的效果。我国目前的生物医药企业并购行为大多未考虑自身能力和长期发展规划，只着眼于短期利益。并购双方战略匹配性不好会导致并购后价值创造的潜力有限。由于我国生物医药企业并购主要是横向并购，而纵向并购（并购本企业同一条产业链上的企业）较少，这不利于我国生物医药企业核心竞争力的提升和生物医药产业的发展。

五、市场绩效分析

(一) 销售利润率

2020年受新冠疫情影响,生物药品制造(生物制药)行业发展较好,其营业收入增速高于医药行业整体以及大部分医药细分子行业,生物药品制造利润率在医药行业排名第一。2020年上半年,生物制药行业主营业务收入达到1192.6亿元,同比增长7.6%,占医药行业比重9.63%;利润总额为249.6亿元,占医药行业比重13.49%,生物制药行业在医药行业中的地位越来越重要。

(二) 行业发展速度

生物技术药物是"十三五"期间我国生物医药产业大力发展的创新药物品类。根据规划,到2020年,将推动一大批生物医药企业实现药品质量标准和体系与国际接轨,其中至少100家药品制剂企业取得美、欧、日等发达国家和地区以及世界卫生组织认证,并实现药品出口;按照国际药品标准、研制并推动10~20个化学药及高端制剂、3~5个新中药、3~5个新生物技术药在欧美发达国家完成药品注册,并加快其进入国际市场。基于此,中国生物医药市场将进入快速发展阶段。尽管相对于整个医药行业和其他占主流的子行业来说,生物制药行业是一个市场份额较小的行业,但它的发展潜力是巨大的,目前行业发展速度较快。

(三) 规模经济实现程度

生物医药作为我国确定的七大战略新兴产业之一,得到了前所未有的关注。环渤海、长三角、珠三角和中西部地区等均形成了生物医药产业集群,各地纷纷推出促进生物医药发展的政策。在政策、技术、资本等因素的催化下,生物医药已经成为诸多产业园区经济高质量发展的核心引擎。

过去,国内生物医药产业的传统优势园区主要集中在京津冀、长三角和珠三角地区,呈"三足鼎立"的态势。由于承载能力、生产生活成本、企业外溢倾向等诸多因素影响,原来的"三足鼎立"格局正在逐步演变为京津冀城市群、长三角城市群、珠三角城市群、长江中游城市群、中原城市群、川渝城市群和关中平原城市群七个引领生物医药产业发展的城市群。北京、上海、广州、深圳、苏州、杭州、南京、成都、武汉等极具代表性和潜力的发展城市及其他各地城市纷纷出台促进生物医药产业发展的相关扶持政策，如加强人才引进、创新研发、公共服务平台、专业技术平台、孵化器、众创空间、成果转化、国际市场开拓、临床机构培育、金融资本服务、科技创新支持、人才创业资助等方面的支持力度，行动力度可谓前所未有。

六、产业未来发展趋势

生物医药产业具有高投入、高风险、长周期和高回报的特征，需要巨大的资金支持，生物创新药研发尤其如此。尽管有各种利好政策和不断加大的财政投入，面对日益多变的外部环境，生物医药产业的机遇与挑战并存。对生物医药产业的未来的发展趋势进行预测，大致有现代化发展、规范化发展以及一体化发展方向。

（一）现代化发展

产业现代化是我国生物医药行业发展的必然趋势，主要表现在以下两个方面。一是加速整合生物医药行业。生物医药企业通过并购和重组等方式来提高生产效率和生产水平，同时增加了我国生物医药行业的国际竞争力。二是生物医药企业应基于生物制药技术进行创新。将新的生物制药技术应用于实际产品的研究和开发中可以使生物制药产品体系更具创新性，这将是生物医药行业现代化的重要一步。我国在这两方面出台了一系列政策，使生物医药企业在投入现代化发展的同时，能进一步提高公司的研发能力和水平。

（二）规范化发展

知识产权保护方面，我国生物医药行业呈现规范化发展的趋势。在这方面应做到以下三点。

首先，重点关注知识产权法律制度的完善和改进，优先将生物医药研发知识产权作为重点保护对象，同时为生物医药科研人员创造良好的研发环境。

其次，简化科研成果的专利申请程序，鼓励相关科研人员和科研企业积极通过申请专利等手段保护自己的权益。

最后，通过加强对知识产权的宣传，提高加大科研人员的重视程度，使科研人员可以利用知识产权捍卫利益，并能够促进生物制药行业朝着规范化的方向发展和进步。

（三）一体化发展

我国企业当前在医药研发和生产之间存在分离的情况，这种情况对生产实践是不利的。因此，必然采取应对措施来改进或调整生物医药行业朝着研发和生产一体化发展。

第一，实现生物医药相关校企之间的交流合作，相关生物医药企业可以为高校提供市场信息，为医药专业的研究方向提供指引。

第二，相关部门要加强对生物医药行业的管理，确保企业在合理利用国家资金进行科研工作的同时，避免资源浪费或产品过度商业化，合理分配有限的科研资源。

七、产业发展困境

（一）生物医药产业基础较为薄弱

近年来，在相关政策法规的支持下，我国生物医药产业蓬勃发展，工业总产值也不断提高，但是和其他产业相比，生物医药产业在工业总产值、工业产值的增加速度及总产值占国家总产值的比重等方面依然比较欠缺，产业基础仍然较为薄弱。导致这一问题的原因有多个，其中最主要的有两方面：一是我国生物医药产业的主要构成主体是中小企业，其占据全国医药企业的一半以上。这些企业普遍缺乏高精尖生物医药技术，大多主要生产普通药物、仿制药物，缺乏技术创新和新药物研发的探索；二是我国很多医药企业缺乏品牌意识，不重视维护自主知识产权，因此我国医药企业很少出现知名品牌，有的医药企业甚至没有自主品牌，而仅给其他企业做简单加工。

（二）创新力度不足

目前，我国医药企业在全球具有影响力的药物品牌较少，现具有国际影响力的药物品牌大多是由跨国集团生产研发的。此外，我国申请药物研发专利的大多是科研院校，企业非常少，但是从世界范围看，申请药物专利的主要是跨国制药企业。由此可知，我国生物医药创新还未形成以企业为主体的格局。造成这个问题的原因是，我国重点医药企业缺少研发热情，尤其是一些对技术要求较高的抗体类药物；国家划拨的医药研究资金每年都有一大部分被划拨到科研院校，这些科研单位虽然在人才、设备等优势下具有很强的研发能力，但是这些单位往往不具备产业化药物生产能力，因此造成专利申请以科研院校为主、企业为辅的现状。

（三）资本投入不力

我国医药企业缺乏药物创新能力的另一重要原因是，投入药物技术研发的资金不足。目前，我国大多数医药企业用于新药物研发的资金仅占其销售额的1%，这也是医药行业资金投资体系所致的，我国医药行业的投资方式只有政府划拨资金、自主筹资、银行贷款以及风险投资等。我国生物医药产业不受风险投资青睐的原因有以下三个：一是生物医药企业投资需要大量的资金，且具有不可估量的风险，回本周期长，不能满足风险投资对于资金快速回笼的要求；二是缺乏专门为生物医药企业提供资金的投资机构；三是我国大多数生物医药企业主要以药物仿制为技术研究方向，这与风险投资企业要求的原创性背道而驰，使投资者认为生物医药企业药物研发项目缺乏可行性。

（四）缺少专业医药产业人才

我国生物医药产业在发展的过程中缺乏专业技术人才，特别是生物工程项目运作、市场开发以及资本运营等方面的人才较少。目前，从事生物医药开发和管理的人员一般为硕士生以上，对学历要求较高，但这部分专业技术人才数量较少，因此在生物医药研发和管理中对科研成果有较大难度的突破。所以，缺乏专业层次高的技术人才，是我国生物医药产业发展缓慢的主要原因，不利于我国生物医药产业的长期可持续发展。

八、产业政策建议

（一）政策引导，做大做强生物医药产业

一方面，我国应利用市场经济规律，吸引国内外资金，加大对生物医药产业的资金投入，培育龙头企业。按市场经济规律运作，实行有偿使用制度，使投入各方都能得到相应的收益，保证资金的滚动增值，促进生物技术创新药物尽快产业化。推动企业并购、联合重组，加快培育龙头企业，形成规模与效益并进的格局。另一方面，我国应制定具有强力推动作用的生物医药产业政策。首先，要组建国家级生物医药技术智库，建立高水平的生物医药技术数据平

台,加强对国际医药生物技术产业发展趋势的跟踪研究,监测和分析国内医药生物技术产业发展重点、关键技术和趋势,提高政策调控水平。其次,要制定产业性政策,规定鼓励使用、允许使用和限制使用的技术范围,并辅以相应的政策。再次,要针对医药生物技术产业发展的关键技术或关键领域中的重大问题制订专项计划,提供研发基金和政策支持,提高产业竞争力。最后,要协调好各部门、各地方所制定的相关政策法规,使之相互兼容、相互配套,建立有利于生物医药高科技和产业发展的法制环境。

(二)加大研发资本投入和知识产权保护,着力提升创新能力

第一,要找准适合生物医药产业发展的研发创新项目。完善与研发创新机构之间的关系,增加对新产品开发研究的资金投入,创造可以适应市场需求的优质产品。

第二,要持续不断地为创新药物研发提供资金支持。不仅要通过调研充分了解到创新药物的内在价值、市场前景和未来的市场占有度,还要加强对创新药物研发的风险投资意识,通过市场的方式来募集研发资金,比如发行股票、企业债券和贷款等方式。

第三,要完善知识产权制度,提高知识产权保护意识。首先,我国应建立健全生物医药产业知识产权保护制度和保护政策;不断加强对生物医药产业知识产权的保护力度,确保研发创新的成果得以转化;建立一个有利于我国生物医药产业发展的知识产权保护机构,为保护我国生物医药产业的知识产权出台一系列政策指引。其次,我国生物医药产业企业应自主制定一套能够保护自身知识产权不被侵犯的战略目标,有效管理好自身的知识产权和专利产品。再次,我国应设立先进的专业知识产权管理机构,出台有利于完善生物医药产业企业保护自身知识产权的政策和制度,依靠先进的信息技术设施和有效的知识产权评估方案,切实维护我国生物医药产业自身的知识产权。最后,我国应出台完善知识产权保护的法律法规,建立有效的知识产权服务体系,利用行政手段对生物医药知识产权进行干预,切实维护生物医药企业的知识产权。

(三)人才保障方面:建立生物医药产业的人才支撑体系

劳动人口的减少会导致人口红利降低,在这种情况下应更加重视提高劳动力质量,以实现劳动力要素生产率的新增长,故应加大生物医药人才培养的力度。人才是生物医药企业持续发展的保障,应从国内教育和海外人才引进两方面入手,培养顺应生物医药企业发展的高层次复合型人才,从而提高企业的管

理效率,激活组织内部活力,增强企业的竞争力。高校应结合自身优势,以市场为导向,优化课程设置,创新具有特色的人才培养模式,以期获得能够把握未来生物技术发展方向,掌握科技前沿技术的高层次人才。企业应主动开展多种形式的培训课程,推进职业教育和技能培训,积极与高校合作培养人才,加强人才队伍建设。在海外人才引进方面,应积极采取激励措施引导和吸引科学家和海外留学生回国发展,并创造良好的环境留住人才,从而聚集更多的高技术人才。通过建设生物医药人才队伍支撑体系,推动中国生物医药产业的发展。

思考题

在老龄人口常态社会现状中,该如何充分发挥生物医药产业的价值?

参考文献

[1] 曹阳,洪亮,宋文,等. 中国生物医药产业 SCP 分析 [J]. 中国新药杂志,2013,22(4):411-416,451.

[2] 党子悦,项彦琳,谈维,等. 基于产业集群视角的我国生物医药产业技术创新效率分析 [J]. 中国医药工业杂志,2024,55(6):879-886.

[3] 董莉,郇志坚,刘遵乐. 全球生物医药产业发展现状、趋势及经验借鉴:兼论金融支持中国生物医药发展 [J]. 金融发展评论,2020(11):12-23.

[4] 金霞,姚姗姗,冯雷,等. 中国生物医药产业发展综合评价及区域差异分析 [J]. 中国生物工程杂志,2024,44(5):134-146.

[5] 李菲,龙耀辉,赵劲松,等. 我国生物医药产业现状及区域化发展战略 [J]. 中国生物工程杂志,2020,40(8):97-101.

[6] 李树祥. 基于结构-行为-绩效范式的我国医药产业分析 [J]. 中国药房,2015,26(19):2597-2600.

[7] 李勋来,刘晓倩,李文琪. 生物医药产业集群创新发展的经济增长效应研究:以山东生物医药产业集群为例 [J]. 科技管理研究,2023,43(9):153-160.

[8] 李炎炎,高山行. 中国生物医药产业发展现状分析:基于1995—2015 年统计数据 [J]. 中国科技论坛,2016(12):42-47,97.

[9] 娄霁月. 我国生物医药行业现状与发展趋势 [J]. 大众标准化,2019(16):61,63.

[10] 马彦. 生物医药产业价值链的整合化研究［D］. 上海：复旦大学，2007.

[11] 裘卉青，杨子杰，郭放，等. 未来生物医药产业发展趋势研究［J］. 中国生物工程杂志，2024，44（1）：8-18.

[12] 孙立，孟海华. 我国生物医药科技成果转化的制约因素分析和战略规划建议［J］. 科技管理研究，2023，43（2）：144-150.

[13] 万伦来，曹景帆，娜仁. 长三角生物医药产业高质量发展的时空特征［J］. 华东经济管理，2022，36（9）：19-23.

[14] 王志刚. 中国房地产产业组织优化研究［D］. 长春：吉林大学，2019.

[15] 温海涛. 基于SCP的我国生物医药产业绩效评价［J］. 环渤海经济瞭望，2020（9）：44-46.

[16] 杨玉霞. 我国医药制造业SCP分析［J］. 时代经贸，2020（20）：62-63.

[17] 张海龙. 中国生物医药产业创新发展对策研究［D］. 长春：吉林大学，2019.

[18] 张庶萍. 生物医药产业智能化转型的思考［J］. 中国生物制品学杂志，2024，37（1）：125-128.

第十一章 电影院线产业

一、产业概况

我国的"院线制"于2001年起在国家行政引导下起步，引入市场化机制，由院线直接对接发行制片单位，确立了院线作为电影发行放映的主体渠道的地位。我国的电影院数量和荧幕数量均处于高速增长态势，电影票房更呈现井喷式的发展。

（一）2017年中国电影市场

2017年我国电影市场增长明显，观影人次约为16.22亿人次，同比增长18.39%，创历史新高，也是自2016年同比增幅触底后再次回归两位数。2017年，我国人均观影次数约为1.17次；中国电影家协会发布的《中国电影产业研究报告》显示，2016年北京、上海、广州、深圳四大城市人均观影次数已经接近或超过美国的约4次，可以预计未来国内电影市场的增长动力将逐渐向一线城市以下下沉。

在票房方面，2017年全国电影总票房突破500亿元，为559亿元；剔除服务费后，2017年全国电影总票房约为524亿元，同比增幅为13.45%；年同比增长率自2016年触底后再次回归两位数，并创下历史新高。

2017年国内新上映影片483部，其中国产影片、进口分账片和进口批片的票房收入占比分别为52%、38%和10%。国产片票房占比相较2016年下滑约4%，进口分账片票房占比上升约4%，国产电影竞争力相对有所下降，国产电影市场整体依然面临与海外大片竞争的压力。

从2016—2017年国内电影票房量级分布来看，国内电影市场呈现典型的金字塔形，头部影片数量得到进一步增长。2017年票房5亿元以上的影片数量为32部，超过2016年的27部；排名前30的电影票房占比为66.20%，相比2016年的62.50%提升了3.70%。2017年，仍有超过60%的影片票房低于1000万元，而这其中部分影片票房甚至只有几千元甚至几百元，如《故乡面·叁花情》票房收入169元,《嘻哈英熊》票房收入255元,《商界》票房收入3311元。以每部平均800万元的票房粗略统计,这291部电影的票房约为23.3亿元,仅占据2017全年票房的4.1%,电影质量和票房结构严重不平衡,电影市场的马太效应加剧。

按国内分级城市票房占比来看,2013—2017年间,全国电影市场不断下沉,一、二线城市票房占比不断下降,三、四、五线城市票房占比不断提升,从2013年的31%逐年不断提升至2017年的40%。随着渠道和观影习惯向三、四、五线城市的渗透,观影人群结构得到进一步优化,相比一、二线城市的存量市场,国内电影市场的增量机会将集中于此类区域。

从题材上来说,2017年中国国产电影可谓"百花齐放",共有466部电影上映,其中国产片的比重超过90%。其中《战狼2》"一枝独秀",以综合票房56亿元创造了中国电影的票房新纪录,与此同时,《战狼2》还以1.4亿元以上的观影人次超越《泰坦尼克号》勇夺全球单一市场冠军。相当于每十个中国人就有一人看过《战狼2》,甚至此引衍生出了一个新名词——"精神股东"。

现代战争题材的电影除了有良好的票房外,还向世界展示了爱好和平的理念,弘扬了爱国主义,传播了正能量。这种以娱乐化方式宣传普及爱国主义的模式是互联网时代最容易让大众接受的手段。而中国电影集团公司出品的主旋律电影《建军大业》也为"八一建军节"献上了一份厚礼。中国电影在历史人物塑造经历了从"脸谱化"到"个性化"再到"市场化"的过程,主旋律电影也开始紧跟时代潮流,更加贴近年轻观众。

《战狼2》的成功是中国电影市场化20年厚积薄发的结果,它代表了中国观众的最大审美"公约数",是社会情绪的一种综合体现,同时把各阶层的观众都吸引进电影院,营造了一个社会公共话题,并给现代战争题材的电影带来了勃勃生机,可谓意义深远。反映中国现代空军题材的《空天猎》虽然遭到一些影评人的吐槽,口碑和票房一般,没有成为《战狼2》这样现象级的电影,但是也填补了现代中国空军题材电影的空白,为将来打下了良好的市场基础。除了主旋律电影,其他商业电影也是拥有众多精彩之处,其中"开心麻花"团队出品的第三部电影《羞羞的铁拳》获得了22亿元的超高票房,成为中国电影史上喜剧题材电影的票房冠军。

2015—2017年,IP电影在国产影片中的优势极为明显,2015年国产片票房前50名中有27部拥有IP属性,票房占比高达53%;2016年略有下降,占比为40%;2017年再度大幅提升,占比高达65%,即便不考虑2017年《战狼2》的影响，票房占比仍能达到55%，依然高于2015年与2016年。在2017年IP电影来源中，小说依然是最主要的IP来源，占比为48%；其次是系列电影续作，占比为24%。

近年来，国内院线集中度基本保持较为稳定的态势，2017年前十大院线占总体票房约67.7%的份额，集中度较2016年略有上升，其中万达院线市占率虽然有小幅下滑，但仍稳稳占据首位；上海联合院线市占率有所提升，从2016年的7.8%上升至2017年的8.0%；中国电影旗下中影南方、中影星美和中影数字3家院线市占率合计为21.6%，比2016年的21.2%上升了0.4%。

2018年元旦假期3天全国票房合计11.88亿元（不含服务费），观影人次为3654.9万人次，取得远超2017年元旦假期3天6.6亿元的票房与2037.5万观影人次的成绩，为2018年全年的票房增长打响了第一炮。2018年元旦假期票房冠军为2017年12月29日上映的《前任3》，票房为3.18亿元，占假期总票房的26.77%；12月中旬上映的《芳华》表现依然稳定，3天合计贡献了2.01亿元的票房，票房占比为16.92%；《妖铃铃》票房为1.95亿元，票房占比为16.41%。

（二）2018年中国电影市场

2018年各类影片共1082部，同比增长19.96%，全国票房达到609.76亿元，同比增长9.06%，城市院线观影人次17.16亿，同比增长5.93%。全国荧幕总数达到60079块，其中2018年新增9303块。

2018年，国产电影《红海行动》可谓稳坐"头把交椅"，这部军事爱国题材电影，在2017年同类型电影《战狼2》拿下56.8亿元票房后，取得了36.5亿元的可喜成绩。两部军事爱国题材电影的成功，给中国电影市场带来了不小的冲击。那么为何军事爱国题材电影会如此受欢迎，之前的同类型电影为何没有产生如此巨大的效应呢？其实这两部电影的成功完全取决于我国电影观众开始产生文化认同。

20世纪90年代中国开始引进好莱坞电影后，"特工"这个词便成了好莱坞电影的标志之一。从《真实的谎言》《007》系列到《谍影重重》《碟中谍》等，每一部都展现出浓浓的好莱坞式的个人英雄主义色彩。拯救世界不被毁灭，已经成了好莱坞电影的家常便饭。面对这种由长期同一套路带来的审美疲劳，中国影迷们急需一针"强心剂"来唤醒对自我文化的认同。而此时，前文提到的两部电影，恰好为中国的影迷们打开了一扇新的大门。这也就是为何在《战狼2》后，《红海行动》依旧让观众们感到热血沸腾并拿下高票房的原因。

尽管2018年国产电影发展的整体呈明显上升趋势，但好莱坞电影在中国市场上表现依旧强势。其强势不仅体现在票房或明星的影响力上，电影的剧情和特效也颇受广大影迷的好评。值得一提的是，2018年电影市场票房排名前十的电影中，就有三部是关于超级英雄的电影。

除了漫威影迷们翘首以盼的《复联3》（全球票房20亿美元）和通过中国国家电影局审核的《毒液》（全球票房8.5亿美元）以外，DC旗下的超级英雄电影《海王》凭借超凡的特效，在上映不到15天便挤进前十，也展现出电影特技在当下电影市场中的重要地位。

由此可见，好莱坞对于全球电影市场的影响力依旧相当巨大。以超级英雄电影为例，漫威在十年之间，构建出一个完整的电影宇宙，其每部作品不仅特效惊人，而且在剧情上相互联系，环环相扣。这就表现出一个成熟的电影市场在现如今的社会环境下，不该单纯地去做"粗放型生产"，而是通过构建电影市场环境逐渐消灭市场鄙视链。而中国电影市场如今依旧处于一个想要"通吃"所有观众的局面中，试图覆盖上到80岁、下到8岁的观众，想通过销量来取胜。但是随着电影市场的发展，观众的布局是会日益被割裂的，不同的年龄，不同的身份，甚至不同的工作都会有不同的观影取向，这才是发展的正确方向。

印度电影是2017年票房奇迹的代表，2018年直接发展成数量井喷，几乎每个月都有一部印度片上映，而且不少被引进中国的印度电影并不是新作。比如《小萝莉的猴神大叔》2015年已在印度上映，《苏丹》2016年已在印度上映，每个片方都想押中《摔跤吧！爸爸》这样的票房爆款，但上映的印度电影太多，也容易透支观众兴趣，使观众变得审美疲劳。印度电影如《小萝莉的猴神大叔》《起跑线》和《嗝嗝老师》分别收获了2.86亿元、2.1亿元和1.49亿元的票房成绩。另外5部印度电影票房未过亿，《厕所英雄》9460万元、《巴霍巴利王2》7683万元、《印度合伙人》6217万元、《苏丹》3614万元、《老爸102岁》3019万元。2018年12月28日上映的《印度暴徒》，首日超过5亿卢比，创造了阿米尔·汗作品的首日最高票房纪录。然而，由于口碑不佳，后续票房表现迅速下滑。其在中国大陆市场也不尽如人意。

2018年日本电影和印度电影一样，同样迎来数量猛增。一年之内有多达15部日本电影扎堆上映，是历年来的数量之最。值得一提的是，日本电影在类型上也有了突破，除了以往常见的动漫动画改编电影以外，2018年还引进了是枝裕和的《小偷家族》《第三度嫌疑人》、爱情电影《昼颜》、喜剧电影

《恋爱回旋》和奇幻电影《镰仓物语》等，宫崎骏的经典动画《龙猫》也在中国内地惊喜上映。

2018年日本电影数量虽多，但票房成绩却一般。全年内地票房最高的日本电影是《哆啦A梦：大雄的金银岛》，票房达2.09亿元，但远不如2015年上映的《哆啦A梦：伴我同行》，收获的5.3亿元票房。值得一提的是，《小偷家族》由于有戛纳金棕榈大奖的加持，在中国内地顺利斩获9674万元票房，成为中国内地最卖座的日本真人电影。

前文提到的票房前十电影中，还有一部电影也不得不提，那就是《我不是药神》——2018年国产电影的一匹黑马。不仅如此，该片在引发了广泛的社会关注后，还获得了《人民日报》的高度赞扬，社会影响巨大。①《我不是药神》作为一部标杆式的现实主义题材作品，通过对人物生动的刻画、事件的还原，观众得以产生共鸣，从而挖掘出电影本身更想表达的意义。现实主义题材电影作为电影类型中不可或缺的一种类型，它要表达的内容往往更具深意。尽管我国现实主义题材电影颇多，但真正实现商业化和现实主义成功的电影较少。《我不是药神》的成功得益于好品质催生的好口碑。在目前的中国电影市场中，如此直面现实、直面社会问题，又通俗好看的商业片实在凤毛麟角，其受到观众追捧也是顺理成章的事情。

随着我国人民生活水平的提高，电影成为不少家庭娱乐项目中的一个重要组成部分。相比十年前的票房冠军《赤壁（上）》（2.7亿元票房），再到2018年的《红海行动》（36.5亿元票房），整整13倍的差距，可见电影产业在我国的发展速度之快、影响力之巨大。

（三）2019年中国电影市场

据国家电影局2019年12月31日晚发布的数据，2019年全国电影总票房642.66亿元，同比增长5.4%，其中国产电影总票房411.75亿元，同比增长8.65%，市场占比64.07%。城市院线观影人次17.27亿，较2018年略有增长。2019年新增银幕9708块，全国银幕总数达到69787块。中国电影市场不断深化改革、扩大开放，迎难而上、砥砺前行，已成为世界第三大创作生产国和第二大电影市场，银幕数已经跃居世界第一。

随着电影市场的进一步扩容与发展，优质的内容越来越成为发展与收割票

---

① 《〈我不是药神〉公映 "治愈力量"传递时代温暖》，人民网，2018-07-05，http://ent.people.com.cn/n1/2018/0705/c1012-30129082.html。

房的关键。多数专家认为，如今电影质量的好坏越来越明显且直接快速地反映在票房表现上，优质内容是市场发展的核心驱动力越来越得到印证。

票房分析师罗天文表示，2019年整体来说票房前十名的电影都具有很好的口碑，其中不乏《哪吒之魔童降世》（豆瓣评分8.5分）、《少年的你》（豆瓣评分8.3分）这类爆款。这些电影的票房贡献了超过65%，头部高口碑效应愈加凸显。

2019年中国内地电影市场票房排行榜上，除《复仇者联盟4：终局之战》和《速度和激情：特别行动》两部外国影片外，2019年票房前十的电影中，有8部是国产电影。

从开启了中国科幻电影元年的《流浪地球》到"老少通吃"的国产动画《哪吒之魔童降世》，从庆祝新中国成立70周年的《我和我的祖国》到根据真实事件改编的《中国机长》《攀登者》，无不用票房证实了国产电影的新实力。票房方面，《哪吒之魔童降世》以近50亿元的票房站稳了全年票房的冠军，《流浪地球》则以46.18亿元的票房成为亚军，好莱坞"大片"《复仇者联盟4：终局之战》则排在了第三位。除了在国内票房排行榜的名列前茅，凭借着过硬的实力，《哪吒之魔童降世》《流浪地球》《我和我的祖国》及《中国机长》4部影片都进入了全球年度票房排行榜的前20名。

（四）2020—2022年中国电影市场

2020年新冠疫情暴发，为减少人员聚集，降低感染可能，很多行业暂时停业，电影行业亦是如此。2020年1月23日，《唐探3》《囧妈》《夺冠》等7部影片陆续宣布撤档。继春节档期影片集体撤档后，2020年情人节档影片也相继官宣撤出。不止情人节档期，疫情或造成整个2月院线出现首个空档。同年清明节和五一档期，电影市场略微有回暖迹象，这意味着2020全年票房或减少近百亿。

北京时间2020年3月6日凌晨1点，原定4月2日在英国公映、4月10日在北美公映的《007：无暇赴死》确定撤档，新档期改为11月12日/英国、11月25日/北美。据悉，这也是出品方米高梅、发行方环球影业以及影片两位制片人经慎重考虑后做出的调整。

1月24日，春节档期影片在海外陆续撤档，导致整个东南亚电影市场整体偏冷。原本包括中国香港（全球第21）、中国台湾（全球第17）、新加坡、马来西亚（全球第20）在内的华语电影热门市场都会靠着春节档期影片掀起一波小高潮，但是最终票房大盘下跌均超过了30%。2月5日，原定于2月25

日举办的韩国电影大钟奖确定延期举办。香港电影金像奖也将取消举办红毯环节，并无限期推迟。而原本于4月中旬到下旬举办的第10届北京电影节，也于3月5日正式官宣延期举办。

2月16日，《007：无暇赴死》确定取消原定于4月的中国首映礼以及主创来华计划。原本准备在上海迪士尼乐园举办的《花木兰》中国首映礼也被无限期推迟。而截至3月6日，迪士尼已经暂时关闭了位于上海、香港、东京的三家乐园。

全球影市到底会倒退多少？THR曾经发表分析文章称，2020年的全球电影业因疫情面临着50亿美元的损失。现在来看，这显然是严重低估了的。按照正常的市场规律，2020年中国内地票房大盘，如果保持2019年的5%～6%的增速，会有670亿～690亿元的票房成绩，目前来看最终仅有380亿～420亿元的票房成绩了。

2020年贺岁片《囧妈》随着疫情的蔓延，导演徐峥在微博里宣布《囧妈》在大年初一（1月25日）零点上线今日头条、抖音、西瓜视频、抖音火山版和欢喜首映App免费播出。欢喜传媒也公告称以6.3亿元将《囧妈》播放权卖给字节跳动公司。

2020年至2022年，随着疫情得到控制，电影院在这三年逐渐得到恢复。例如2021年的春节档期中《唐人街探案3》和《你好，李焕英》等贡献了大量票房。但总体而言，疫情仍旧对电影行业造成一定影响。

（五）2023年中国电影市场

2023年我国电影市场发展相比于2022年整体回暖，总票房不断回升。2023年我国"十一"黄金周电影市场以总票房累计27.34亿元收尾，超过2022年同期的83%，总观影人次超过6511.4万，同比增长80%。2016年开始，我国电影票房呈缓慢增长态势，除去受疫情的影响，进入2023年，电影票房全面回暖，影视行业强劲复苏。

从电影题材上看，2023年我国电影题材主要集中在现实主义和中华传统文化题材两大类。现实主义题材切中社会话题，给观众提供情绪价值。2023年，我国电影暑假档期总票房达206亿元，相较2019年同期增长16%，打破历史纪录，其中《孤注一掷》和《消失的她》备受喜爱。中华传统文化题材能够满足大众传统审美。区别于往年，2023年传统文化题材电影在传统文化加持银幕工业神话下，让大众在影院获得认知和情感上的升华，既有力地推动了传统文化的当代传播与活态传承，也满足大众对传统文化的审美新期待。电影《长安三万里》用千古流传的诗歌展现了"君不见黄河之水天上来，奔流到海不复回"的豪情，备受男女老少的喜爱。孩子们体验着"朝辞白帝彩云间，千里江陵一日还"的飞翔驰骋；成年人感受着"呼儿将出换美酒，与尔同销万古愁"的人生潇洒。电影《封神第一部：朝歌风云》聚焦姬发的成长故事，是一部带有"电影工业化""特效"标签的神话诗类电影。该影片代表了中国电影工业化的发展水平，也体现了中国魔幻、奇幻电影类型的拍摄达到了世界级水准。

（六）我国电影院线形式

目前，我国存在的电影院线形式主要有三种：影院投资公司、连锁影院管理公司、以影院加盟为主的院线公司，这里以第三种影院类型为主要研究对象。

万达电影院线隶属于万达集团，市场份额稳居中国第一。万达电影院线在中国和美国两个全球最大的电影院线市场均占据第一，这进一步增加了万达全球电影市场份额，扩大了其在好莱坞的影响力。随着万达电影院线的不断发展壮大，万达电影院线打造电影终端连锁服务品牌的核心竞争力目标已经日益明确，"一切以观众的观影价值和观影体验为核心"是万达电影院线连锁经营服务的核心理念，"连锁经营能力、创新营销能力、服务品牌能力"是彰显万达电影院线核心竞争力的三大基本要素。2018年2月5日，万达集团公告，阿里巴巴集团、文投控股股份有限公司与万达集团在北京签订战略投资协议，阿里巴巴集团、文投控股股份有限公司以每股51.96元收购万达集团持有的万达电影院线12.77%的股份。

政策层面：国家电影局宣布成立。随着电影局发布文件后，电影行业不断深化电影院线制改革。2018年4月16日上午，国家新闻出版广电总局被拆分为国家广播电视总局、国家新闻出版署（国家版权局）、国家电影局并统一揭牌。原国家新闻出版广电总局不再保留，新闻出版管理职责和电影管理职责划入中宣部，中宣部国家电影局正式成立。电影管理职能调整划转后，电影局的职责主要针对管理电影行政事务，指导监管电影制片、发行和放映工作，组织对电影内容进行审查，指导协调全国性重大电影活动，承担对外合作制片，输入输出影片的国际交流等工作展开。在国家日益追求精简机构的趋势下，将电影局独立出来，无疑是对电影改革和发展的肯定，并强调了电影对推进国家文化复兴的关键性作用。这是继《电影产业促进法》后，国家关于推动和维护电影事业繁荣的又一重大举措。2018年12月13日，国家电影局下发《关于加快电影院建设，促进电影市场繁荣发展的意见》。该意见指出，要加快电影院建设发展，深化电影院线制改革，鼓励发展电影院线公司，鼓励电影院线公司依法依规并购重组，加快特色院线发展，规范发展点播影院和点播院线。这一巨大反差的背后折射出我国内地电影市场的诸多问题。观影人次的指标比票房指标更重要，值得深入分析和探讨。由于供需关系的变化和票补的减少，电影票价较往年有所上涨，相同的问题再度发生。高票价、高清盗版不仅是春节档期的"天敌"，而且对于中国电影长期可持续繁荣发展的消极影响、"蚕食作用"不可低估。事实上，保障高票房的关键是高品质技作和好故事。好口碑对影片票房走势的决定性作用越来越明显。观影人次的增长，更多观众观影习惯的养成，更多观众观影频次的提高，以及更多观众对国产电影的信任度、美誉度的提升比单纯的票房指标更重要。毕竟，观众对国产电影的信任度、美誉度将定义中国电影的未来。近年来，春节档期的电影市场意义就在于，它启示我们要从制作技术、类型融合、工业经验、专业人才、传播渠道等层面进一步升级换代，用高技术讲好中国故事，并且要从单一的票房经济转型升级为真正意义上的产业经济、版权经济，有效提升中国电影的整体实力、综合实力及其市场竞争力。当然，最根本的是中国电影必须与观众保持血肉关系，与观众达成情感的沟通，打造新时代中国电影的"共同体美学"。比如，电影《战狼2》《流浪地球》的成功就说明了这一点。

2019年2月27日—2月28日，全国电影工作座谈会在北京召开，中宣部常务副部长、国家电影局局长王晓晖出席会议并讲话。他指出，电影管理体制进一步健全，电影事业产业实现了新跨越，中国电影呈现出积极健康、蓬勃发展的良好局面。但是，当前中国电影还存在许多问题，如创作质量与观众期待还有不小差距，行业治理和市场规范还相对粗放，高素质人才还比较缺乏，国际影响力需要提升等。

2023年，国家电影局、财政部联合发布《关于阶段性国家电影事业发展专项资金政策的公告》。该公告表明，为更好地支持电影行业发展，自2023年5月1日至2023年10月31日免征国家电影事业发展专项资金。随着国家利好政策发布和影院全面恢复运营，优质影片陆续定档上映，加上观众观影热情暴涨，影视院线市场将持续回暖。

二、产业属性

（一）市场需求弹性

我国电影院线产业自国家出台院线整合相关政策后，一直处于蓬勃发展时期。尽管电影是非耐用消费品，但是需求价格弹性波动较大，电影票房仍旧受到影响。当电影票价降低时，仍会吸引更多消费者前来观影。只有当该产业逐渐发展成熟时，需求弹性的影响才会有所下降。

（二）市场需求增长率

市场需求的增长为潜在企业提供了进入市场的新机会，从而导致行业内新竞争者的出现。随着这些新企业的加入，它们开始占据一定的市场份额，改变了原有的市场格局。对于原本不成规模的小厂商而言，市场需求的扩张不仅为其提供了扩大生产规模的机会，还帮助提高了经济效益。这使得小厂商在增强自身竞争力的同时，有机会参与到与大型企业的竞争中。这种变化的一个直接结果是市场竞争加剧，原先由少数大企业主导的市场变得更加分散，市场集中度因此下降。尽管市场需求的增长通常被视为正面因素，因为它能够促进整体经济和企业的发展，但其具体如何影响产业结构却存在不确定性。一方面，它可以激发更多的企业参与竞争；另一方面，也可能促使更多小企业成长为具有竞争力的参与者，进而重塑整个行业的结构。

（三）产品的短期成本结构

院线的短期成本结构和院线形式有很大关系。这里主要研究加盟式院线，其是服务商而非运营商，所以前期投入资本相对较少。尽管如此，仍需要保证足够的客流量才能挽回成本，长期经营。

三、市场结构分析

（一）市场集中度

本章以行业集中度指数（CR_n）和赫芬达尔－赫希曼指数为衡量指标来分析电影院线的市场集中度。

1. 行业集中度指数（CR_n）

由 CR_n 指数和相关数据分析可知：我国电影院线的行业集中度属于高度集中状态下的低集中寡占型，CR_4 均值为 38.03%，CR_8 均值为 60.17%，远远超过竞争型水平，说明该行业具有垄断型的市场结构。

2. 赫芬达尔－赫希曼指数（HHI）

通过三年的 HHI 的数据可知，平均 HHI 为 593.67，我国电影院线产业属于竞争 I 型。产业整体规模不大，进入壁垒较低。

纵观三年的 HHI，其呈现稳中有降的趋势，说明该产业的市场集中度在降低，垄断在减弱，市场竞争在增强。该结果和 CR_n 的分析结果基本一致。

（二）产品差别化

电影是非耐用消费品，产品差别化是企业获得竞争优势的有效手段，产品差别化越强，同类产品的替代可能性越小，越有利于厂商占领市场。

（三）进入与退出壁垒

1. 进入壁垒

一是规模经济壁垒。我国五大民营电影制作发行公司光线传媒、华谊兄弟、博纳影业、乐视影业、万达影业近年来主投主发的电影票房略有下降。称为国内民营的五大电影制作发行公司。猫眼专业版 App 以主发行和主出品为口径的情况：内容端近年来的集中度有所下降，五大民营公司在 2015 年主出品或者主发行的影片票房约为 150 亿元，占整体票房份额的 35%，达到了峰值；其后 2016 年的票房规模达到 110 亿元左右，票房市占率下降至 24% 左右；2017 年五大民营公司主投主发的电影票房不到 100 亿元，市占率进一步下降至 16% 左右。2017 年的冠军票房影片为《战狼 2》，最终票房达到 56.82 亿元，主要出品方为导演吴京创立的北京登峰国际文化传播有限公司，而联合出品方为聚合影联和 A 股上市公司北京文化，传统的五大民营公司甚至没有参投任何份额。目前我国电影行业仍处于不确定性较强的阶段，传统意义上的发行龙头和制片龙头面对市场新进入者并没有明显的优势。随着电影行业市场化的不断提高，具有相同或相类似规模的院线企业数量众多，各院线拥有的影院数量相差不大，企业之间的竞争加强，市场集中度下降，逐渐会有更多的小企业加入。这也说明我国电影市场规模经济效应不够显著。

二是产品差别壁垒。从近年来的发展情况看，影片排片和附带性服务同质化现象严重，消费者并没有明确的品牌忠诚度，所以这类壁垒主要体现在影院的放映设备和地理位置上。

三是政策法律壁垒。根据《电影企业经营资格准入暂行规定》，以参股形式投资现有院线公司的，参股单位须在三年内投资不少于3000万元人民币，用于本院线电影院的新建、改造；以控股形式投资现有院线公司的，控股单位须在三年内投资不少于4000万元人民币，用于本院线中电影院的新建、改造；单独组建省内或全国电影院线公司的，组建单位须在三年内投资不少于5000万元人民币用于本院线电影院的新建、改造。虽然院线企业的融资方式多样，但对影院规模和资本量具有一定要求。

2. 退出壁垒

当电影院线企业决定退出行业时，它们必须放弃前期投资的电影放映设备和场地。鉴于这些配套设施具有较高的专用性，其成本往往难以完全回收，甚至可能面临被闲置的局面。这种无法回收的成本构成了所谓的沉淀成本，成为影院退出行业的障碍之一，并在一定程度上形成了退出壁垒。换句话说，由于高额的沉淀成本，包括专门购置的放映设备及租赁或拥有的场地不易转作他用，使得电影院线企业在考虑退出市场时面临额外的经济损失。这种情况不仅增加了企业的退出难度，也对潜在的市场退出行为构成了一定的经济制约。

四、市场行为分析

(一) 策略性定价行为

1. 价格歧视

在电影院线产业中，存在三个级别的价格歧视。

(1) 影院根据产品的购买数量设定不同的价格。这种定价方式实际上形成了一种数量折扣。例如，当有比较多的人一起观影时，可以进行团购或者购买家庭套票，类似于"薄利多销"的营销方式。

(2) 影院会针对不同顾客群体或不同市场制定不同价格。例如，针对学生和老年人推出半价活动。

（3）推出半价活动也为各大院线积累了人气。例如，"周三半价日""上午12点之前半价"等。

2. 非线性定价行为

一般影院除了售票还会考虑到电影的周边服务，比如提供3D眼镜、饮品、小吃等。将这些周边产品和电影票结合起来组合定价，可在一定程度上刺激消费者的潜在消费意愿。

（二）广告行为

电影院线属于垄断竞争型产业，通过广告提高产品差别化程度成为一种进攻型策略。并且电影本身是经验型消费品，广告密度较大，具有电影行业特色。电影广告作为劝诱性广告，能够在很大程度上改变顾客的偏好，降低需求价格弹性，扩大院线的市场份额，同时可以利用其网络外部性的特征进行网上宣传，提高其市场竞争力。目前电影市场上已有的广告宣传方式包括自制宣传片，与电商合作、户外室内的共同宣传，建立自己的品牌等。

（三）技术进步行为

风靡全球的《阿凡达》让IMAX巨幕电影进入我国观众的视野。目前，院线放映出现新技术，这些数字化时代的放映新技术如4K数字放映、TMS、杜比全景声等，将逐渐成为我国影院新的竞争点。

（四）并购行为

1. 横向一体化

以万达电影院线为例，大连万达集团股份有限公司（简称"万达集团"）与全球排名第二的美国AMC影视公司签署并购协议，此举使万达集团成为全球最大的影院运营商。之后万达集团又并购了澳大利亚第二大院线。万达旨在通过海外并购谋求国际市场，获得规模效应。而我国电影院线今后的发展，势必需要一个龙头企业的带领。

2. 纵向一体化

纵向一体化是企业在两个可能的方向上扩展现有经营业务的一种发展战略。虽然纵向一体化在规模效益上不如横向一体化，但在提升企业内部资源配置效率、创造市场力量、提高技术效率、确保影片供应、防止发行中止等方面有着较大优势，其中最重要的是能够降低交易成本。

在由制片、发行、放映三个领域组成的电影产业中，企业的纵向一体化已经成为一种趋势，这一趋势对电影产业的整体竞争水平的影响也是极大的。纵向一体化作为电影产业的发展趋势是由电影产业运行规律所决定的，并且深远影响电影产业的竞争方式，将电影市场竞争的核心转到影片质量上来。

五、市场绩效分析

（一）资源配置效率

电影院线产业是文化传媒领域的重要组成部分，2019年前三个季度我国文化传媒领域的平均利润率为8.2%，而电影院线产业在2019年前三个季度的平均利润率为7.29%，略低于产业平均水平。位于榜首的院线在2019年前三个季度的平均利润率为24.29%，几乎是电影院线产业平均利润率的3.5倍。我国电影院线产业各企业的利润率水平之间差异仍然较大，尚未形成一定规模，总体利润率有待提高。

（二）技术进步速度

随着各院线企业积极进行技术改进，引进先进设备和系统，目前，全国接近90%的银幕可以放映3D影片，IMAX China宣布，其目前在我国180多个城市拥有超过600块银幕——就银幕数量而言，我国目前是IMAX全球最大的市场。

2023年，包括巨幕厅、音效厅、4D厅、高帧厅和LED厅在内的特殊技术影厅延续着高速发展势头。截至2023年底，全国特殊技术影厅数量达9520个，同比增长6.8%，远高于普通影厅的增长速度。特殊技术影厅在2023年共产出票房111.4亿元，占年度票房的20.3%；单厅票房约为117万元，比普通影厅单厅票房（57万元）高出1倍有余。

在特殊技术影厅的代表品牌中，IMAX厅774个，年内产出票房21.4亿元，年票房占比3.9%，是市场占有率最高的特殊技术影厅。我国拥有自主品牌和知识产权的CINITY影厅146个，年内产出票房3亿元，同比增长135.2%，是票房涨幅最高的特殊技术影厅。此外，拥有395块银幕的中国巨幕厅年产出票房4.19亿元，MX4D厅、LUXE厅和杜比视界厅年内分别产出票房 2.93 亿元、2.66 亿元和 1.38 亿元。

各院线企业竞争激烈，想以此特殊技术获得更多的市场竞争优势。这在一定程度上激励了各企业加强技术进步，并由此获得创新利润。

（三）规模经济实现程度

在电影院线行业中，院线的票房市场份额是反映其规模经济程度的有效数据。从我国近几年的票房市场份额可以看出，市场集中度呈下降趋势，行业远远不足以形成规模效应，相比美国前四家（AMC、Regal Entertainment Group、Cinemark、Cineplex）占比 61% 和欧洲前两家（ODEON、Cineworld）占比 50% 的情况还有很大差距。

六、产业政策建议

（一）提高资源配置效率

资源配置效率受市场集中度、进入壁垒、技术进步等因素的影响。从上面的分析可知，我国电影院线产业的市场集中度水平呈下降趋势，这在一定程度上影响了资源配置效率的提高，因此要加大力度提高该产业的市场集中度。我国院线制改革以来，该产业现处于上升发展时期，尚不成熟，还不能完全交由市场调节，需要政府的管理和引导，因此要发挥政府优化资源配置的财政政策职能，降低交易成本。

（二）继续提供技术支持

在垄断竞争市场中，各企业应提高技术水平，从而提高自身的竞争力和市场份额，但这样的力度是远远不够的，还需要政府引进外资和先进技术。当前我国宏观经济下行压力增大，需要更多类似"互联网+"的政策来推动电影产业技术进步、效率提升和组织变革。这样不仅能促进龙头企业的创新利润的增加，还能为中小企业的发展提供技术动力支持。

（三）提高行业的规模经济性

鼓励并购、支持更多的企业采取纵向一体化的行动，让越来越多的电影形成制作、发行、放映一体化，从而降低交易成本，提高效率。鼓励大企业兼并或收购实力弱的企业，通过院线之间的兼并整合，未来院线的数量在适当减少的同时规模扩大,可以形成一定的品牌效应;生产要素向大企业集中,形成规模效应,以提高该产业的资源配置效率。同时,院线可以通过增加放映场次来扩大总收益,提高银幕利用率,节省成本,提高效益。

七、结语

在整个电影产业链中,制作、发行、上映三者与我们生活联系最密切的就是上映环节,电影在院线上映才让更多观众看到好的电影作品。数据分析显示,近年来我国电影院线产业面临垄断竞争的局面。正是这样的市场结构让很多企业采取提高自己竞争优势和扩大规模的市场行为。不仅大型企业,还有更多的中小企业也在提升自己的能力,所以也进一步降低了该产业的市场集中度。这样的行为虽然促进了市场的竞争,有效地遏制了垄断的发生,但是影响了该产业的规模经济性,一定程度上影响了资源配置效率的优化,进而不利于提高市场绩效。所以在该产业蓬勃发展、尚未成熟的时期,不仅需要各个企业寻找自我提升,更需要政府出台相应的政策大力扶持该产业的发展。

思考题

随着新媒体时代电影产业的发展与"宅经济"概念的出现,宅在家里看电影是否会成为一种新潮流?

参考文献

[1] 韩晓黎. 改革开放 40 年我国电影发行放映业政策流变与院线制发展 [J]. 电影艺术, 2018 (6): 9-14.

[2] 刘汉文. 2021 年中国电影产业发展分析报告 [J]. 当代电影, 2022 (2): 17-26.

[3] 刘正山. 中国电影产业 70 年创新发展经验回顾及转型升级研究 [J]. 中国电影市场, 2019 (10): 48-53.

[4] 陆佳佳, 刘汉文. 2018 年中国电影产业发展分析报告 [J]. 当代电影, 2019 (3): 13-20.

[5] 夏卫国, 张旭, 侯光明. 组织系统视角下中国电影院线整合模式与机制研究 [J]. 管理现代化, 2018, 38 (2): 49-52.

[6] 向勇.《囧妈》动了谁的奶酪?:兼论数字创意时代我国电影院线的发展格局 [J]. 艺术评论, 2020 (3): 88-95.

［7］杨秀中. 新时代中国艺术电影发展的产业化路径研究［J］. 时代报告（奔流），2021（5）：24-25.

［8］张宏. 电影产业的边界与科教电影院线建设的思考［J］. 当代电影，2021（3）：81-86.

［9］张小丽，韩晓黎. 京津冀地区电影产业协同发展研究［J］. 当代电影，2021（6）：53-60.

第十二章　生鲜电商产业

盒马鲜生（简称"盒马"）是阿里巴巴集团（简称"阿里"）对线下超市完全重构的新零售业态。盒马是超市，是餐饮店，也是菜市场。

2017年7月14日，阿里巴巴集团董事会主席马云和CEO张勇等人在盒马鲜生品尝刚刚出炉的海鲜。"盒马鲜生"在阿里内部低调筹备两年多，随着阿里巴巴集团董事会主席马云到店走访，这个不为人知的阿里"亲儿子"被推到了聚光灯下，正式成为阿里"动物园"在天猫、菜鸟、蚂蚁金服之后的新成员。

盒马鲜生多开在居民聚集区，下单购物需要先下载盒马App，只支持支付宝付款，不接受现金、银行卡等任何其他支付方式。阿里巴巴为盒马鲜生的消费者提供会员服务，用户可以使用淘宝或支付宝账户注册，以便消费者从最近的商店查看和购买商品。盒马未来可以跟踪消费者购买行为，借助大数据做出个性化的建议。

盒马采用选址开店的方式，一方面可以实现线上线下流量的互相打通，一体化运营，让购物场景和体验更丰富；另一方面，盒马超市还是线上订单的前置仓。和单建前置仓相比，线下门店无疑可以容纳更多SKU（Stock Keeping Unit，库存保有单位）。盒马实现用户月购买次数达到4.5次，是传统超市的3~5倍。此外，盒马用户的黏性和线上转化率相当惊人。线上订单占比超过50%，营业半年以上的成熟店铺更可以达到70%，而且线上商品转化率高达35%，远高于传统电商。目前，成熟门店如上海金桥店线上订单与线下订单的比例约为7:3。

盒马主要服务三类人群：第一，晚上大部分时间在家的家庭用户；第二，对轻餐有需求的办公室人群；第三，周末会带着孩子去超市走走的用户。与传统零售最大的区别是，盒马运用大数据、移动互联、智能物联网、自动化等技术及先进设备，实现人、货、场三者之间的最优匹配；从供应链、仓储到配送，盒马有着完整的物流体系。不过，这一模式也给盒马的前期投入带来巨大成本。公开报道显示，盒马鲜生的单店开店成本在几千万元。商品配送速度能在30分钟内，是由于算法驱动的核心能力。据店员介绍，店内挂着金属链条的网格麻绳是盒马全链路数字化系统的一部分。盒马的供应链、销售、物流履约链路是完全数字化的。商品的到店、上架、拣货、打包、配送等任务，作业人员都是通过智能设备去识别和作业的，简易高效，而且出错率极低。整个系统分为前台和后台，用户下单10分钟之内完成分拣打包，20分钟内实现3000米以内的配送，实现店仓分离。

在商品采购方面，盒马采用原产地直采和本地化直采两种方式相结合。与其他地区的门店类似，盒马广州门店也提供"盒马日日鲜"系列的蔬菜和肉。此外，在广州地区，盒马有本地化的生鲜采购团队。广东当地的特色蔬菜如增城迟菜心、惠东土豆、潮汕牛肉丸、清远鸡、澄海狮头鹅、中山脆肉鲩、南山荔枝等广东名优特色农产品都会在时令季节在盒马上市。以广州曜一城店为例，2018年4月有8家不同风格的联营商品牌，包括：狮头牌卤味研究所、华辉拉肠、Butcher（牛排肉铺）、曦牛、鲍参味 & 星港岛、棒棒鸡传奇、调啤和便丽猫。品类涉及潮卤、肠粉、粥、牛排、日料、茶点、捞饭、川卤、串串、啤酒+烤肠等。经过前期的市场调研，盒马根据广州消费者的口味，研发出一些汇聚了岭南特色的融合菜半成品在广州门店销售。比如，广州市民喜欢喝老火靓汤，盒马的餐饮研发团队会根据季节不断推出大家喜爱的老火靓汤，如粉葛鲮鱼汤、陈皮老鸭汤、凉瓜排骨汤等，目前已经研发了十种老火汤；盒马还自己研发了"盒马一鸽"（烧乳鸽）；最重要的是，盒马有来自全球的优质生鲜商品，如俄罗斯帝王蟹、加拿大波士顿龙虾、生蚝、小龙虾等新鲜海鲜。顾客可以现场挑选、现场加工，还能选择不同的加工口味。在盒马干净整洁的门店里享受海鲜大餐，还能以超市价买到酒水佐餐，是一种全新的消费环境和餐饮体验。

盒马鲜生店内优惠活动非常多，随处可见"买一送一"的标识，此外也不乏平民价的高档食材，截至2025年3月6日，如俄罗斯帝王蟹仅599元、波士顿龙虾478元、智利三文鱼45.9元/盒（200g）等等。不喜欢下厨的顾客还可以选择店内加工服务，或者在逛店期间直接在餐饮区享用美食。部分店内还设置了餐饮区（广州首家盒马店内有超过150个就餐座位），并精选了特色美食商铺加盟，所以盒马店可以被视为集传统超市、便利店、餐饮店、菜市场于一体的新型业态。来到盒马鲜生，第一感受是这里是吃货的天堂，各类食品琳琅满目。而在令人眼花缭乱的食品中，生鲜与食材占据了相当大的部分，这也是盒马的核心优势之一。但如果简单地将盒马归结为"食品超市超级加强版"并不妥当，因为盒马还是"店中店"，既要满足线下客群的需要，也要快速响应线上的海量订单并进行配送，而店内顶部的自动传输带正是配送商品流转快的关键之一，背后的技术含量十足。

盒马鲜生做到了多合一业态。依托专业的电商、采购配送、大数据算法等先进技术相互协作，阿里巴巴很好地具备了这些关键能力，这些也是盒马鲜生得以快速铺开的前提基础。盒马作为阿里新零售的重要落子，大数据算法、人工智能赋予了其高效运作的关键能力。盒马的布局，验证了这种创新模式已渐入佳境。盒马鲜生自一诞生，就吸引了无数眼球。但是，盒马模式也有两个无法避免的问题，第一，从横向看，盒马鲜生的开店模式，不可能像朴朴超市的前置仓一样遍布一个城市的角落，不然也不会有"盒区房"这个词了；第二，从纵向看，目前只有一、二线城市有盒马鲜生。盒马模式是攫取头部市场的利器，但是在互联网不断下沉的趋势下，只能与广阔的三、四、五线城市的海量用户擦肩而过。

"电商平台 + 前置仓库 + 即时配送"成为生鲜电商主流模式：以朴朴超市为代表的单建前置仓模式；以盒马鲜生为代表的自建店模式；以京东到家为代表的平台模式；以多点为代表的商超联动模式，如表 12 - 1 所示。

表 12 - 1　生鲜电商之间仓储模式的优劣势

生鲜电商	仓储模式	优势与劣势
朴朴超市	纯线上运营 + 前置仓配送	朴朴超市最大的优势在于性价比和配送速度，在线下的宣发推广上下足功夫，例如在地铁电梯、公交站台、写字楼公屏等地方，朴朴的绿色广告牌铺天盖地、无孔不入。在前置仓中，截至 2022 年，朴朴共有 300 多个前置仓，其依靠"SKU + 性价比 + 半小时达"。就劣势而言，朴朴超市前置仓面积大，履约成本相对较高，日均订单量需要达到 3500 单才能实现盈亏平衡
盒马鲜生	自建店	线下门店肯容纳更多 SKU，但与广阔的三、四、五线城市的海量用户擦肩而过，即辐射范围有限

续表

生鲜电商	仓储模式	优势与劣势
京东到家	平台模式	规模经济优势，协同性短板［门槛相对较低，更容易快速实现商家接入规模化，将O2O（线上到线下）配送范围延伸至城市的各个角落，从而在很大程度上解决了仓储覆盖半径问题。在每一个门店既是电商前置仓又是线下消费场所的情况下，但由于缺乏对商品进行统一数字化管理和运营，很容易造成库存更新不及时、缺货率较高的现象］
多点	商超联动（"周转前置仓"模式，仓、售、配一体化运营）	降本增效，但门槛较高

一、市场结构分析

市场结构是指影响竞争和垄断性质及程度的市场方面的因素。厂商规模、产业集中度、进入壁垒和退出壁垒、产品差异性、政府管制等因素都决定着市场结构。

（一）总体情况

我国生鲜电商产业的发展带有明显的阶段性特征。由于生鲜农产品的特殊性，我国生鲜电商起步相对较晚，在近几年发展突飞猛进，交易规模逐年扩大。随着电商在生活中的进一步普及，未来生鲜电商市场有待进一步挖掘。

1. 生鲜电商产业的市场集中度

市场集中度主要是对整个产业的集中程度进行衡量，反映产业中厂商的规模分布情况，通常用行业集中率、赫芬达尔指数、洛伦茨曲线及基尼系数等来表示。

在2013—2015年间，我国生鲜电商市场一直都呈现寡头垄断状态，且寡头垄断趋势越来越明显。2013年以前，综合型电商平台初涉生鲜市场，布局尚未成熟，生鲜市场一直被垂直类生鲜电商分食；2013年以来，天猫、京东等大型综合电商依托其平台优势、资金实力及影响力，加速对生鲜市场的战略推进，如天猫除天猫超市以外还推出"喵鲜生"等生鲜类专业频道；京东成立生鲜事业部，凭借自身积累势力，快速地进行扩张，取得规模优势。

2. 生鲜电商市场的进入壁垒

（1）资金壁垒。

资金是生鲜电商发展要解决的首要问题，资金链接着运输成本，生鲜农产品运输离不开冷链物流。生鲜农产品对冷链物流要求高，目前第三方冷链物流尚不完善，行业竞争者将重心转到自建冷链物流配送体系上，生鲜电商带有明显的重资产特征，其竞争实际上沦为资本的角逐。一个厂商或企业想要进入生鲜电商领域，是否能够获取到足够的资金就是关键。

爱鲜蜂因面临资本寒冬而大量裁员，美味七七因财务问题倒闭，青年菜君因投资链突然断裂陷入困境等案例都佐证了资金在生鲜电商行业的重要性。此外，许多中小生鲜电商都加速进行大规模的融资，用获取的资金进行新一轮发展，增强竞争力。

（2）目前生鲜电商企业规模及影响力壁垒。

目前，进入生鲜电商领域的创业者数量较多，竞争相对激烈，形成了多元化的格局，主要可分为综合平台类、大型商超类、依托物流类、垂直细分类、社区O2O类五种类别。其中，综合平台类如阿里巴巴、京东等拥有巨大的流量，覆盖范围广、顾客信任度与黏性高、品牌忠诚度强且背后有强大的资金支持。生鲜作为其电商业务的一部分，依托原有平台，迅速扩张，占领了生鲜电商现有市场的较大份额。依托物流类与大型商超类，通过借助物流或者实体超市介入生鲜电商领域，具有一定实力。对新进入者来说，这三类模式的进入壁垒较高，难度较大。而垂直细分类、社区O2O类是生鲜电商最集中、数量最多的领域，其进入门槛虽相对较低，但竞争较为激烈，每年都有大量生鲜电商被淘汰出局。垂直细分类生鲜电商发展最早，部分生鲜电商企业经过多年培育，在顾客群、品牌建设、知名度方面有较好的基础，成为新进入者面临的壁垒。

（3）操作运营难度。

生鲜农产品不同于其他消费品，农产品的易腐易损性，使其对冷链物流要求极高，普通物流无法满足生鲜电商的发展要求。

生鲜电商成功的关键在于运营，但目前生鲜电商具有管控专业性强、物流仓储成本高的特点，操作运营难度大，阻碍新厂商或企业的进入。

生鲜电商管理运营涉及的环节很多。很多生鲜电商无法把控好上游产品的质量,无法实现产品标准化,在冷链物流运输方面能真正做到全程冷链运输的电商企业不多。生鲜电商的高标准、专业化、货源的组织、品控管理等为新进入者设置了较大的障碍。

3. 生鲜电商市场的产品差异化程度

生鲜电商销售的产品主要有两种来源渠道:一是自建生产基地,自产自销,该种渠道产品通常主打有机或绿色产品;二是来自生鲜农产品供应商,在该种渠道中,供应商往往会将农产品同时供应给多个生鲜电商企业,这造成了生鲜电商销售的产品趋于同质化,消费者对品质差异判断难,市场中存在劣币驱逐良币现象。一些生鲜电商致力于打造高端生鲜品牌,将目标瞄准进口生鲜。这种定位可以将其生鲜农产品与其他生鲜电商农产品区别开来,有利于提高生鲜电商产品之间的差异化程度。从产品服务、配送方面来看,各生鲜电商运行模式还存在送货上门、到店自取、家庭预订等区别。总体而言,生鲜电商产品差异化程度较低,重点可从感观、价格和渠道来进行区分,因此,生鲜产品价格往往成为消费者选择产品的主要考虑因素。

二、市场行为分析

(一)价格行为

现阶段,我国的生鲜电商产业仍处于发展初期,绝大多数电商企业采取快速渗透策略,即以低价格、高促销费用的方式销售产品。生鲜电商企业为吸引流量、增加用户数,采取补贴顾客模式,用低价快速占领市场份额,以便后期获得规模效益。这使市场一度陷入了为吸引流量加大补贴力度—用获取的流量进行新一轮融资—继续加大补贴的恶性循环,企业陷入低价大战。随着大型综合平台的加入,生鲜电商市场的竞争加剧,中小型生鲜电商依靠价格战难以与大型综合平台抗衡,少数企业开始转型,如沱沱工社在 2024 年 1 月将重心转移到产品与服务上,主打中高端产品,注重产品品质、深度开发自有品牌,提升现有的服务,提高产品的单价及毛利率。

(二)并购行为

电商领域并购行为频现,生鲜电商行业中,"大吃小"、小型电商合并的现象时有发生。需要大量资金投入的生鲜电商通过并购能够更好地发挥协同效应，进行企业间的资源整合，增强企业实力。从目前收购情况来看，根据收购方的类别不同，主要可以分为两类：一类是网络巨头对垂直类生鲜电商的收购，如阿里巴巴收购易果生鲜等；另一类是大型零售集团对垂直类电商进行的收购，如高鑫零售收购莆田网、光明集团收购菜管家等。在生鲜电商企业合并方面，"拼好货""拼多多"合并为"一起拼多多"，实现资源的全面融合。

（三）合作行为

战略联盟是生鲜电商领域中最常见的一种形式。当前生鲜电商发展处于初期阶段，产业链发展尚不完善，可挖掘空间大。对于生鲜电商来说，行业内伙伴多于对手。大多数生鲜电商都在积极寻找盟友，适时地进行战略合作，以实现双方互利共赢，如本来生活网入驻国美在线，在推进国美生鲜领域布局的同时，也利于本来生活的宣传推广；天天果园与京东进行合作，借助京东专属物流，完善其物流配送体系；我买网与百度、泰康人寿进行战略合作，标榜生鲜食品健康新理念；易果生鲜等11家生鲜电商入驻上海生鲜电商孵化基地等。由此可以看出，合作对生鲜电商企业来说具有重要的战略意义。

三、市场绩效分析

（一）总体绩效

"互联网+"时代，生鲜电商市场的渗透率不断增加。2014年至2024年，其市场规模从290亿元猛增至6424.9亿元。2022年，我国生鲜线上消费占生鲜总消费的比例增长到15%。经历了几年的野蛮成长后，2019年生鲜电商行业噩耗不断：曾被阿里巴巴在内的资本热捧的易果生鲜被列为被执行人、吉及鲜开始大规模地裁员、呆萝卜资金链断裂……较知名的生鲜电商美味七七、青年菜君、安鲜达、鲜生友情、妙生活等相继"爆雷"[①]。

针对生鲜电商极为"烧钱"、高损耗、低毛利、同质化严重及供应链效率总体偏低的特征，许多企业研究如何降低成本、提高盈利，也有许多企业考虑退出竞争。而就在2020年春节，突如其来的疫情似乎让许多中小电商看到了希望。作为刚需的生鲜通过各种形式的电商平台送到客户手中，一夜间，生鲜

---

① 爆雷形容突发事件带来的负面影响。此处表明较知名的生鲜电商企业相继因突发事件带来负面影响，甚至是难以经营。

电商爆火，甚至出现消费者下载多个生鲜电商 App 都抢不到菜的状况。

公开数据显示，2020 年春季期间美团平台上的蔬菜、肉类、海鲜等商品销售额环比增幅达到 200%；春节期间的蔬菜销售额增长超过 400%。[①]

（二）结论

（1）从市场结构上来看，生鲜电商集中度高、数量多。阿里巴巴、京东等大型综合电商平台的加入加剧了行业竞争，其优势较强，规模扩张明显，迅速占领市场份额。

（2）从市场行为上来看，生鲜电商倾向于进行价格竞争。生鲜电商所销售的产品同质化严重，为抢占市场份额，生鲜电商企业普遍采取低价竞争策略，忽视产品质量和服务质量，长期下来会损害消费者的利益；为增强市场优势，生鲜电商企业间的合作与并购较为频繁。

（3）从市场绩效上来看，生鲜电商盈利难、绩效较低。由于成本高、投入大，大量企业处于亏损状态。如何实现盈利、推动生鲜电商行业的健康发展是当前需要解决的问题。

四、产业特征

（1）与传统渠道相比，许多现有生鲜电商主打相对高端的生鲜产品，产品本身成本更高。

（2）相比线下传统渠道，生鲜电商减少了流通环节，在一定程度上节约了成本，但其对冷链物流的要求高，故物流配送成本比传统线下高。

（3）为吸引流量、快速占领市场份额，各生鲜电商进行低价竞争，补贴顾客，营销投入巨大。整体看来，目前生鲜电商投入大、成本高、竞争激烈。

（4）与普通商品不同，生鲜产品在仓储和物流环节对冷藏温度、包装、配送时效要求极高，成本居高不下。

[①] 美团研究院在 2020 年 2 月发表的《2020 春节宅经济大数据》。

五、产业发展建议

(一) 电商企业方面

1. 重视产品与服务,增强产品差异性

生鲜电商企业应该从价格战恶性循环中走出来,将重心放在产品上,注重产品品质与用户体验,建立关于产品的标准机制,对销售的产品进行严格把控,保证产品质量;加强售后服务,提升顾客满意度;对现有品牌进行深度开发,使之能同其他品牌迅速区别开来,增加产品的差异性。

2. 重视物流配送,加强物流冷链体系建设

企业之间在加强合作、整合资源的同时,应建立健全品类管理及冷链运输系统,提高企业配送能力;针对自身电商销售模式的特点深耕细作,不断发展完善。

3. 重视营销推广,加大品牌建设力度

利用现代媒体技术,找准消费者需求,进行多元化营销,丰富营销手段,提升企业知名度。

4. 多合一业态

运用大数据、移动互联、智能物联网、自动化等先进技术相互协作,实现人、货、场三者之间的最优化匹配,从供应链、仓储到配送,拥有自己的完整物流体系。

(二) 政府方面

(1) 完善有关电商的法律法规,加强对该方面的监管,为生鲜电商提供法律保障,规范市场秩序。

(2) 加大对冷链物流等电商基础设施建设的投入力度,充分发挥政府职能,优化生鲜电商发展的物质环境。

(3) 给予符合标准的生鲜电商企业一定扶持与奖励,促进其进一步发展。

第十三章 电子竞技产业

一、产业概况

(一) 国外电子竞技产业的发展

国外电子竞技(简称"电竞")产业的发展得到了当地政府和各国企业的大力支持,在这样的支持下,电子竞技也为它们回馈了丰厚的经济收益。比如,很多电子竞技的设备供应商为了提高自己的知名度,用赛事冠名的方式赞助电子竞技。在欧美地区,这样的方式已经成长到一定的规模。韩国作为电子竞技最为发达的国家之一,早在 2000 年就由文化、体育和旅游三个部门共同成立了韩国职业电子竞技协会。目前,韩国的电子竞技比赛已经网络化,玩家都是在网吧进行电子竞技比赛。这使得电子竞技有了一个良好的衍生环境,也正是因为这样,诞生了电子竞技的盛事 WCG(世界电子竞技大赛)。在美国,电子竞技产业更是超过电影业和唱片业,成为美国的娱乐巨头。

电子竞技在国外起步较早,在北美和韩国,电竞体育已发展到很高的程度,且其影响力还在日益增加,特别是即时战略竞技和射击类竞技,已经发展到职业化的程度。在韩国,电子竞技不仅成为国家的支柱性产业,还成为韩国的国技,与足球、围棋并列为韩国的三大体育竞技项目。当今国外的电子竞技发展正处于上升期,年产值达到 40 亿人民币。而现在国外的电子竞技已经不只是一项体育项目,更成为一项拥有巨大商机的竞技体育产业。随着电子竞技在国际上的快速发展,韩国三星与微软共同赞助创立了 WCG 这样的全球性的电子竞技赛事,后来西方国家也随之创办了电子竞技世界杯(ESWC)赛事,这两个赛事为电子竞技的发展做出了巨大的贡献,电子竞技也由此发展成合法的体育运动项目。

(二) 国内电竞产业的发展

我国国内电竞产业的发展,大体经历了四个阶段:1998—2002 年的起步期、2003—2008年的探索期、2009—2013年的成长期以及2014年至今的成熟期。1998年的《星际争霸》和1999年的《反恐精英》两款游戏在我国的流行，标志着电竞产业在国内开始起步。2002年浩方电子竞技平台的出现，使网络对战变得更加方便和统一，电竞开始走向大众。2003年，我国在韩国举办的WCG比赛中取得金牌榜第二名的优异成绩。同年，国家体育总局将电子竞技纳入正式体育项目，并主办了2004年中国电子竞技运动会。但2004年国家广播电影电视总局对网络游戏类节目的禁播令使得该项赛事遭遇重大挫折——媒体撤离、赞助商撤资、赛事奖金大幅下降，也使电竞产业进入寒冬。2009年，成都举办了WCG世界电子竞技大赛，这也是我国举办的第一项全球顶级电竞赛事，电竞产业开始回暖。2012年，IG电子竞技俱乐部在DOTA2国际邀请赛（TI2）上获得冠军，获得巨额奖金，激励了其他电竞俱乐部的发展。2013年开始，英雄联盟职业联赛（LPL）在上海定期举办。这一时期，由于网络游戏公司有更强的盈利能力，网络游戏逐步取代之前的主机游戏成为电竞赛事的热门项目。同时，以TI2冠军为代表的一系列成绩，也大大提高了中国电竞的知名度。

2014年1月斗鱼TV的成立，拉开了直播行业兴起的序幕，为电竞比赛提供了新的转播渠道。2017年，苏宁、京东等入股LPL战队以及奔驰汽车等公司对英雄联盟世界总决赛的赞助，标志着我国电竞赛事得到主流社会资本的认可与支持。在端游电竞产业如火如荼发展的同时，移动电竞也在迅猛发展，以《王者荣耀》为代表的游戏产业正在迅速壮大。至此，电竞产业链开始趋于完整，整个行业已经走向成熟期。同时，电竞产业也在酝酿着新的改革。2017年4月30日，腾讯召开2017年电竞战略发布会，公布英雄联盟电竞赛事年度重要改革战略。整个战略的核心，便是效仿NBA模式的电竞体育联盟化。其主要内容包括：取消降级、席位招标、联盟生态化以及主客场制度。一方面，取消降级使得投资风险极大降低，资本没有了后顾之忧。伴随着席位招标，即联赛俱乐部的扩张，未来的电竞产业将由一些固定的顶级俱乐部作为核心。另一方面，通过设立非职业联赛（如校际联赛、网吧联赛等）—发展联赛（LDL）—顶级职业联赛（LPL）的三级联赛链，人才流动也将成为一大看点：发展联赛的队伍可以通过发掘、培养有实力的新人，并将其转介给顶尖战队取得盈利。最后，主客场制度的确立，将使英雄联盟相关产业逐步摆脱上海的地域局限并走向全国。电竞将覆盖更多的地区，吸引更多的人群，并最终成为一项与篮球、足球等运动影响力相似的体育运动——通过相同地域凝聚起来的粉丝群体，比单纯通过成绩吸引来的粉丝具有更高的忠诚度和消费欲望。

二、市场结构分析

(一) 电竞产业的市场结构

电竞产业市场结构有完全竞争、完全垄断、寡头垄断、垄断竞争四种基本类型。

我国的电竞产业正在由原来的垄断竞争市场转变为寡头垄断市场。寡头垄断是指少数大企业控制着产业市场绝大部分产品的供给，它们具有较高的市场份额。寡头垄断介于完全竞争与完全垄断之间，以垄断因素为主，同时又具有竞争因素的市场结构。其特征为：①市场集中度高；②产品基本同质或差别较大；③进入和退出壁垒较高。

(二) 市场集中度及市场行为分析

市场集中度是用于表示在特定产业或市场中，卖者或者买者具有怎样的相对的规模结构的指标。市场集中度是反映特定市场的集中程度的指标，所以它与市场中垄断力量的形成密切相关。也正因如此，产业组织理论把市场集中度作为考察市场结构的首要因素。

行业集中度是最常用、最简单易行的绝对集中度的衡量指标。它是指行业内规模最大的、排名靠前的企业的有关数值 X（可以是产量、产值、销售额、销售量、职工人数、资产总额等）占整个市场或行业的份额。

市场行为是指企业在市场上为了赢得更多的利润和更高的市场占有率，根据内外部环境及其变化所采取的战略性行动。企业的市场行为（也可以简称"企业行为"）受到市场结构的状态和特征的制约，反过来，企业行为也作用于市场结构，影响或改变市场结构的状态与特征。

(三) 电竞行业的进出入壁垒

(1) 市场准入壁垒。从事互联网页面游戏的发行及运营等业务需具备"电信与信息服务业务经营许可证""网络文化经营许可证"和"互联网出版许可证"，申请该资质对申报企业的人员结构、资金实力等多方面有一定要求。行业进入许可制度是进入电竞行业的主要壁垒之一。

(2) 人才壁垒。电竞产业的经营兼具开发阶段的创意性、技术性和运营阶段的敏锐性、精准性，电竞产业对从业人员专业能力的要求较高，但目前国内优秀的电竞产业人才依然较少。

（3）品牌壁垒。面对数量众多的电竞赛事，玩家通常会选择自己熟悉的、拥有较高知名度的比赛参加。知名赛事更具竞争优势，营销成本更低，推广效果更好。因此，品牌壁垒是进入电子竞技行业的一个主要壁垒。

（4）退出壁垒。即企业在退出某个行业市场时所遇到的阻碍。相对来说，电竞产业的退出壁垒并没有进入壁垒高。

一是资产专用性和沉没成本。因为电竞产业中的服务器等资产专用性并不是很高，服务器等资源完全可以转型为普通的服务器，提供网页浏览等服务，而且其他电竞俱乐部十分愿意购买这些二手服务器以提高自己的服务质量。

二是解雇费用。电竞产业中，人才在企业转产时可以从事其他方面的工作，如服务器的管理、程序的编程等，而且因为电竞俱乐部十分看重人才，所以一旦某个公司决定退出此行业，其他公司就会疯狂地拉拢这些人才，这些人也会自愿离开此公司。因此，电竞俱乐部甚至不需要花费很高的解雇成本，就可以很好地处理解雇费用的问题，甚至会因此获利。

综上，电竞产业是一个特殊的产业，其进入壁垒较高，但退出壁垒较低，这是它不同于其他大部分产业的特点。

（四）电竞产业中存在的威胁

（1）对新进入者的威胁。对于电子竞技制造商来说，想要进入电子竞技市场，有一定的难度。进入电竞行业除了需要具备较为丰厚的资金外，还受相关国家政策调控、市场供需关系、市场价格等多重因素的影响，因此，进入壁垒相对较高。

（2）替代品的威胁。作为一种数字娱乐方式，电子竞技与游戏行业等娱乐产品有一定的替代关系，但是电竞行业本身具备互联网优越的信息技术而能克服空间上的障碍，同时它有着传统体育的竞争性与互动性，这些特点使其他行业无法完全将其取代。

（3）同业竞争者的竞争程度。在电竞赛事频频"出圈"[①]，以及教育部将电竞纳入高校毕业生就业统计指标等的助推下，我国电竞市场规模将持续扩大，电竞相关企业注册量快速增加，行业竞争越来越激烈。

---

① 出圈，网络流行词，"饭圈"（粉丝圈子）常用语，一般指某位偶像或明星知名度变高，不只被粉丝小圈子所关注，而且开始进入大众视野，变成真正的"公众人物"。后来引申到不限于人，事件和物品也可以"出圈"。

三、市场绩效分析

(一) 中国电竞市场规模

从电子竞技用户规模方面来看，我国电子竞技市场已经成为世界上最具有影响力和最有潜力的市场。目前，我国电子竞技市场保持增长势头，2023年电子竞技用户规模达到 4.88 亿人。随着电子竞技逐步联盟化及主场化，中国电竞行业市场也高速增长。2023年，中国电竞市场仍保持着高速的增长，整体市场规模超过 1700 亿元。如图 13-1 所示。

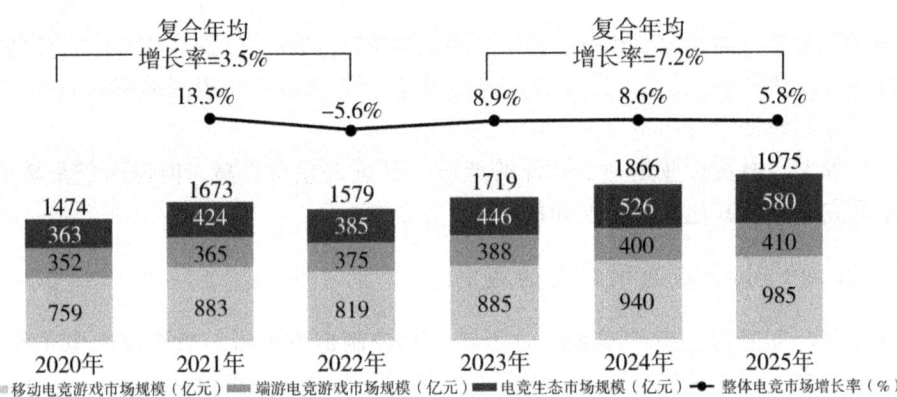

图 13-1　2020—2025 年中国电竞整体市场规模

注：中国电竞市场规模包括：1. 端游电竞游戏市场规模。2. 移动电竞游戏市场规模。3. 电竞生态市场规模，包括赛事门票、周边、众筹等用户付费以及赞助、广告、版权等企业围绕赛事产生的收入及电竞俱乐部及选手产生的收入，以及游戏直播内容及游戏主播等赛事之外的产业链核心环节产生的收入；不包括电竞教育与电竞地产规模。报告所列规模历史数据和预测数量均取整数位（特殊情况：差值小于1时精确至小数点后一位。已包含四舍五入的情况）；增长率的计算均基于精确的数值进行计算。

资料来源：艾瑞咨询。

(二) 中国电竞及电竞生态市场细分规模

电竞商业化发展推动电竞生态市场占比提升。头部电竞游戏及赛事的影响力持续提升和商业化发展进程不断加速，带动了电竞产业链下游的游戏直播、电竞陪练、电竞衍生等业态的快速发展。2023年中国电竞产业实际收入达

263.5亿元。在收入构成中，电竞直播收入占比最高，达到80.87%，赛事收入、俱乐部收入、其他收入占比分别为8.59%、6.42%、4.12%。图13-2为2018—2022年中国电竞市场细分规模占比。

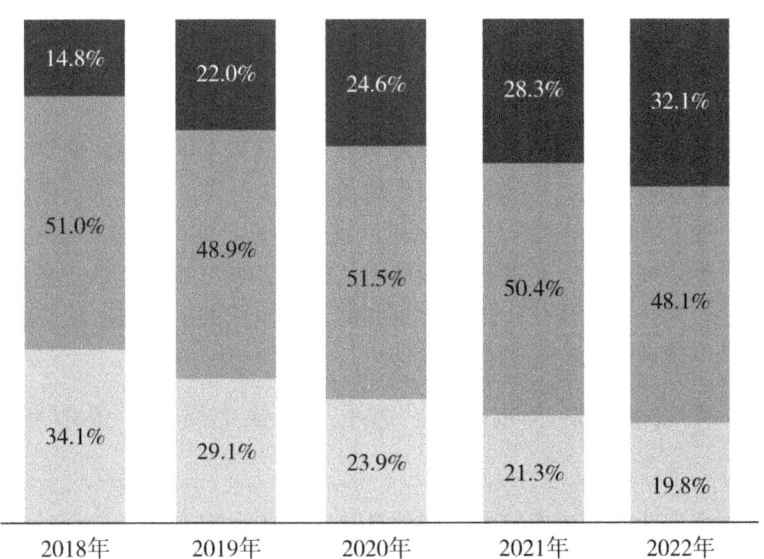

图13-2　2018—2022年中国电竞市场细分规模占比

资料来源：艾瑞咨询。

（三）中国电竞用户规模

一方面，近年来，互联网用户有了更充裕的在线娱乐时间，玩电竞游戏成为众多人居家休闲的主要方式之一；另一方面，新冠疫情期间众多传统体育赛事停摆，电竞线上赛的开启和世界性电竞赛事的举办，使得电竞观赛用户规模进一步扩大。

四、产业未来发展趋势

(一)新冠疫情后的中国电竞赛事：线上开赛，深入挖掘数字体育优势

受新冠疫情影响，电竞产业链各环节受到不同程度的冲击。但与传统体育赛事无法正常开展不同，主流电竞赛事纷纷在线上开赛，以降低疫情对电竞行业的影响。线上办赛对电竞而言是挑战，也是机遇。如何保障赛事的公平性、观赏性及人员防疫安全，是赛事暂回线上的挑战；利用线上赛维持赛事整体商业营收，在布局线下主场化、体育化的同时，重新挖掘电竞数字化的线上娱乐化优势，是疫情后电竞产业的发展机遇。

(二)中国电竞俱乐部发展：选手受关注度提升，俱乐部更注重品牌营销

随着电竞产业的快速发展及中国战队接连获得世界冠军，公众对电竞的关注度不断提升，知名选手在各种奖项评选中频频上榜。如在2019年微博之夜"年度人物"票选中，《英雄联盟》电竞选手简自豪（UZI）共获得4.8亿票，夺得第一。尽管电竞选手及俱乐部目前已拥有很高的流量曝光，但电竞选手整体的商业价值与传统体育选手及娱乐圈明星相比仍有一定的差距。

(三)中国电竞技术创新：新兴技术助力电竞产业升级

相较于传统体育，电竞对新兴技术有更强的包容性与适应性。第五代移动通信技术（5G技术）的商业应用将给电竞带来全新的发展机遇，助力电竞产业完成全方位升级。5G技术的高速率、大容量、低延迟、高可靠等特性，给赛事的制作、转播、观赛体验带来极大的提升。如虎牙直播在2019年4月通过5G技术实现4K画质、50M码率的高清、超低延时户外直播。未来，5G技术基础设施的全面铺开，将带动移动电竞快速发展；而VR电竞直播等新体验，将为电竞内容付费创造更多的可能性。

(四)中国电竞商业化未来发展：IP化发展加速推动电竞商业化

随着电子竞技影响力不断提升，电竞与其他产业的创新融合越来越广泛，呈现出众多的"电竞+"新业态。2019年以来，频频有优秀的跨界合作案例

出现，如《全职高手》《亲爱的，热爱的》等电竞题材电视剧备受关注，《全职高手》24小时播放量破亿，《亲爱的，热爱的》2019年全网总播放量高达89亿次。电竞IP[①]化将成为未来发展的主要态势，推动电竞商业化持续发展。

五、产业发展困境

（一）IP原创力不足

我国电子竞技产业虽然进入蓬勃的发展阶段，但更多是以模仿为主，缺乏原创力，较少成熟的故事IP、游戏头部IP企业，尚未形成具有我国原创特色和深厚文化情怀的电子竞技产业。

（二）产业链聚集性不足

具体表现在：产业上游的行业壁垒大，市场进入与企业运营受限；产业链中游赛事筹办难度较大，难以平衡经济利益与社会效益的关系，并且赛事产品创新能力不足，受众范围有限；产业链下游电竞产业盈利模式单一。

（三）赛事人才培养机制不完善，电子竞技人才缺口大

目前，我国电子竞技行业仍处于发展初期，电子竞技人才相对短缺，我国的电子竞技教育培训与普及程度远远不够。另外，在刻板印象的影响下，人们认为电子竞技教育就是培养职业电竞选手，而忽视相关专业技术培养的重要性。

六、产业政策建议

（一）打造规范的行业协会

全面深化改革需要加强顶层设计。韩国电竞产业的成功，离不开拥有政府背景的韩国职业电子竞技协会（KeSPA）的大力支持。因而，为电竞产业成立

---

① IP是"Intellectual Property"的缩写，直译为知识产权。然而，在互联网和新媒体领域，IP的含义已经有所引申和扩展，在互联网界，IP通常指的是所有成名的文创作品的统称，包括文学、影视、动漫、游戏等。这些作品通过其独特的内容和吸引力，能够在多个平台上获得流量和关注。

官方的行业协会,制定完善并且为各方接受的行业准则,是促进我国电竞产业发展的当务之急。

(二)鼓励大型企业参与对电竞产业的投资

随着苏宁、京东等大型民营企业的入股,电竞产业维持着资本流入、欣欣向荣的局面。这种投资可以是对俱乐部的投资——通过俱乐部的运营、粉丝文化的形成来提升知名度;也可以是对赛事的赞助投资——通过对赛事的赞助获取广告效应,从而扩大自身影响力;还可以是对赛事直播渠道的投资——通过直播平台获取用户的打赏和付费实现盈利。

(三)以立法和行政手段加强监管

电竞产业的发展,加强监管很重要。一方面,游戏的泛滥可能导致青少年沉迷;另一方面,一些电竞俱乐部、直播平台为电竞选手提供的"天价"报酬可能带来就业市场的波动,影响人们的就业决策。而随着电竞产业的扩张,场馆的重复投资建设问题也逐渐显现。因此,要从法律和行政两方面来加强对电竞产业的监管——通过立法和技术手段限制未成年人玩游戏的时间,用行政手段建立官方的救助中心,帮助沉迷游戏的人重回生活。同时,要加强对电竞俱乐部的监管,防止行业过热可能带来的问题。

思考题

1. 电竞及其周边衍生产业的发展现状与前景如何?
2. 你对电竞产业发展持何种态度?

参考文献

[1] 曾品固,吴中华. 论电竞产业的科学定位 [J]. 中共四川省委党校学报,2019 (2):67-72.

[2] 何旺,卢玉,孙文波. 我国电竞行业的发展现状与对策分析 [J]. 湖北体育科技,2020,39 (3):213-216,265.

[3] 黄大林,黄晓灵,蒋波. 电竞体育产业市场潜力分析及其建议 [J]. 当代体育科技,2016,6 (5):112-114,116.

[4] 金轲,王昕. 大力发展文化产业的产业政策研究:以电竞产业为例 [J]. 经济研究参考,2017 (56):58-64.

[5] 李宜朴,黄汉江. 中国电竞产业发展现状问题研究 [J]. 山东体育

科技，2016，38（6）：35-39.

［6］马浩林. 关于中国电子竞技体育产业发展的思考［J］. 产业创新研究，2024（9）：92-94.

［7］郤双泽，张守伟. 我国电子竞技发展热潮背后的反思［J］. 自然辩证法研究，2019，35（10）：26-30.

［8］宋湘绮，胡沛晨. 我国电子竞技产业发展的困境和出路［J］. 北方传媒研究，2021（1）：79-83.

［9］王宇翔，方永恒. 泛娱乐背景下我国电子竞技赛事发展的困境及路径选择［J］. 辽宁体育科技，2021，43（4）：65-70.

［10］吴宝康. 2020年中国电竞行业生态日益完善［J］. 互联网经济，2020（5）：76-81.

［11］杨越. 新时代电子竞技和电子竞技产业研究［J］. 体育科学，2018，38（4）：8-21.

［12］张泽君，张建华，张健，等. 中国电子竞技问题审视及应对路径［J］. 山东体育学院学报，2019，35（5）：31-36.

［13］智颖. 2020，中国电竞会有哪些爆点？［J］. 中国广告，2019（10）：66-70.

［14］中国电子竞技产业发展概况分析：基于《2023年中国电子竞技产业报告》数据［J］. 中国数字出版，2024，2（2）：88-95.

第十四章 游戏产业

一、产业概况

游戏产业是由各种类型的游戏公司所生产的游戏产品所组成的一个类团。从三次产业分类法的产业类型看，游戏产业属于第三产业，因为游戏产业从根本上来说是一种为人们提供精神休闲服务的产业。如果从两大部类分类法来看，那么游戏产业属于第二部类。两大部类分类法的分类依据是社会产品的最终用途，故其应属于生产生活资料的部门，即属于第二部类。如果从生产要素分类法来看，那么游戏产业属于知识密集型产业。这是因为游戏产业在生产过程中对知识的依赖程度很大，脑力劳动所占比例大，知识含量极高。

中国游戏产业兴起于 20 世纪 80 年代末。中国游戏产业的发展可以划分为三个阶段：启蒙阶段、产业阶段、产业链阶段。启蒙阶段是 20 世纪 80 年代至 21 世纪初，以单机游戏为主导；21 世纪初，游戏产业进入产业阶段，网络游戏迅速取代了单机游戏的主导地位。21 世纪 10 年代后，随着互联网的普及和智能手机的发展，游戏产业衍生出如电子竞技、游戏直播等产业链条，淡化了游戏产品本身的意义，形成"游戏+体育""游戏+直播"等产业链形式。自此，中国游戏产业步入产业链阶段。

总的来说，游戏产业是中国的朝阳产业，具有巨大的发展潜力，有较强的研究价值。因此，本章将从市场结构分析、市场行为分析、市场绩效分析、产业未来发展趋势等方面对中国的游戏产业进行分析，指出其在发展过程中存在的问题，并有针对性地提出建议。

二、产业属性

（一）市场需求弹性

游戏市场需求弹性指的是市场的需求价格弹性，它表示在一定时期内游戏产品的需求量变动对于该产品的价格变动的反应程度。虽然我国游戏产业的市场规模扩大速度与用户规模增长速度正处于放缓时期,但游戏产品在不少年轻人的生活中仍是主要的娱乐休闲途径。而游戏作为服务类消费品,其具备一定的需求价格弹性,在游戏的限时优惠期间,用户的参与度与游戏产品的收入往往都能得到较大的提升。未来,随着消费者日益增长的娱乐需求与5G时代的来临,我国游戏产业的发展将逐步成熟,其需求弹性也将随之有所降低。

(二) 市场需求增长率

我国游戏市场近十年来的年均复合增长率高达77.59%。高年均复合增长率意味着市场规模处于高速扩张的状态。而市场规模的高速扩张也反映了市场需求的高速增长,因此我们可以判断近十年来我国游戏产业是在较高的市场需求增长率的背景下发展的。2023年的游戏产业趋势报告显示,我国游戏市场收入同比增长并创新高,主因包括:疫情期间的诸多负面因素明显消退,用户消费意愿和能力有所回升;游戏新品集中面市并有爆款出现,与长线运营产品共同撑起收入增长;普遍采用多端并发方式,对收入增长产生明显助益。

三、市场结构分析

产业市场结构是指企业市场关系的特征和形式。产业市场结构的基本类型有完全竞争、完全垄断、寡头垄断、垄断竞争四种。中国的游戏行业正在由原来的垄断竞争结构转变为寡头垄断市场。寡头垄断是指少数大企业控制着产业市场绝大部分产品的供给,它们具有较高的市场份额。游戏产业的市场结构可以从市场集中度、产品差异化、进入壁垒和退出壁垒四个维度去衡量。

(一) 市场集中度

总的来说,中国游戏产业的市场集中度可以从行业集中度和赫芬达尔-赫希曼指数两方面进行衡量。

1. 行业集中度

行业集中度(CR_n)是指行业内规模最大的、排名靠前的企业的有关数值X(可以是产量、产值、销售额、销售量、职工人数、资产总额等)占整个市场或行业的份额。它的计算公式是:

$$CR_n = \frac{\sum_{i=1}^{n} x_i}{\sum_{i=1}^{N} x_i}$$

其中，$n=4$ 或 8，$N=$ 产业的企业总数，$n=$ 产业内的企业数，$CR_n=$ 产业中规模最大的前 n 位企业的行业集中度，x_i 表示第 i 家企业的产值、产量、销售额、销售量、职工人数、资产总额等。

根据表 14-1 所示的 2020 年营业收入 20 强游戏公司规模，结合主流学者的观点对游戏产业进行归类。

表 14-1　2020 年营业收入 20 强游戏公司规模

序号	游戏公司	营业收入/亿元	市场份额/%
1	腾讯	4820.64	72.88
2	网易	736.67	11.14
3	世纪华通	149.83	2.27
4	三七互娱	144.00	2.18
5	哔哩哔哩	119.99	1.81
6	完美世界	102.25	1.55
7	网龙	61.38	0.93
8	金山软件	55.94	0.85
9	搜狐	51.67	0.78
10	IGG	48.51	0.73
11	游族网络	47.03	0.71
12	中手游	38.20	0.58
13	神州泰岳	35.96	0.54
14	浙数文化	35.39	0.54
15	创梦天地	32.12	0.49
16	心动公司	28.48	0.43
17	吉比特	27.42	0.41
18	昆仑万维	27.39	0.41
19	宝通科技	26.38	0.40

续表

序号	游戏公司	营业收入/亿元	市场份额/%
20	姚记科技	25.62	0.39
	总额	6614.87	—

(1) 贝恩的市场结构分类。

贝恩根据产业的前四位和前八位的行业集中度指标，对不同垄断与竞争结合程度的产业市场结构进行分类，并制定了相应的标准，如表14-2所示。

表14-2 贝恩的市场结构分类

市场结构	CR_4（%）	CR_8（%）	集中程度
极高寡占型（Ⅰ型）	>85	—	非常高
高度集中寡占型（Ⅱ型）	75～85	>85	高
中上集中寡占型（Ⅲ型）	50～75	75～85	比较高
中下集中寡占型（Ⅳ型）	35～50	45～75	比较高
低集中寡占型（Ⅴ型）	30～35	40～45	低
竞争型	<30	<40	非常低

根据表14-1的数据计算，$CR_4 =$ （4820.64 + 736.87 + 149.83 + 144）/6614.87 = 88.45%；根据表14-2中贝恩的市场结构分类标准，游戏产业的$CR_4 > 85\%$，因此游戏产业属于寡占Ⅰ型。

(2) 植草益的市场结构分类。

日本著名学者植草益采用日本1963年的统计资料，对市场结构进行分类，如表14-3所示。

表14-3 植草益的市场结构分类标准

市场结构		CR_8 值/%	产业规模状况（亿日元）	
粗分	细分		大规模	小规模
寡占型	极高寡占型	$70 < CR_8$	年生产额>200	年生产额<200
	高、中寡占型	$40 < CR_8 < 70$	年生产额>200	年生产额<200
竞争型	低集中竞争型	$20 < CR_8 < 40$	年生产额>200	年生产额<200
	分散竞争型	$CR_8 < 20$	年生产额>200	年生产额<200

根据表14-1的数据计算，由于 CR_8 = （4820.64 + 736.67 + 149.83 + 144 + 119.99 + 102.25 + 61.38 + 55.94）/6614.87 = 93.59%，大于70%，根据表14-3中植草益的分类方法来看，游戏产业属于寡占型中的极高寡占型。

2. 赫芬达尔-赫希曼指数

赫芬达尔-赫希曼指数简称 HHI 指数。HHI 值越大，表明市场集中度越高。表14-4显示的是 HHI 值的市场结构标准。

$$HHI = \sum_{i=1}^{n}(\frac{x_i}{x})^2$$

表14-4 HHI 值的市场结构标准

市场结构	寡占型				竞争型	
	高寡占Ⅰ型	高寡占Ⅱ型	低寡占Ⅰ型	低寡占Ⅱ型	竞争Ⅰ型	竞争Ⅱ型
HHI 值	$HHI \geq 3000$	$3000 > HHI \geq 1800$	$1800 > HHI \geq 1400$	$1400 > HHI \geq 1000$	$1000 > HHI \geq 500$	$HHI > 500$

根据表14-1的数据计算，可得 HHI 值：

$HHI = 0.7^2 + 0.1^2 + 0.2^2 + 0.2^2 = 0.58 \times 10000 = 5800 > 3000$，根据表14-4的标准，游戏产业属于高寡占Ⅰ型。

综上所述，游戏产业的产业集中度高，属于极高寡占型产业。

（二）产品差异化

总的来说，游戏产业的产品已趋于同质化，其产品同质化主要体现在以下四个方面。

第一,产品主体同质化,具体体现在游戏产业的游戏内容、游戏类型和游戏精神都趋于同质化。在游戏内容上,国产游戏趋向于选用武侠、仙侠等游戏题材,而其他风格类型的游戏尚少;在游戏类型上,国产游戏以传统的角色扮演类游戏为主,无论是使用2D类型还是3D类型画面,其战斗机制并没有较多的创新性元素。虽然近几年来国产游戏趋向于即时制的战斗机制,但战斗机制本质仍然是传统的回合制,而且未能探索出特色化的战斗机制元素。在游戏精神上,大部分游戏未能很好地融入中国传统文化,大部分游戏运营商没有看到游戏娱乐教育的本质。

第二,收费模式同质化。以网络游戏为例,当前中国网络游戏的收费机制较为同质化。例如时装、道具等类型收费,均是采用价格歧视手段。玩家充的金币越多,所获得的游戏体验感就越好。

第三,促销同质化。以网络游戏为例,大部分网络游戏为了提高自身的知名度,会充分利用明星效应,通过邀请明星为本款游戏代言,从而提升游戏的知名度。

第四,渠道同质化。当前,中国游戏产业主要通过互联网渠道进行推广。

(三)进入壁垒

进入壁垒是和潜在的进入者相比,市场中现有企业所享有的优势。这些优势是通过现有企业可以持久维持高于竞争水平的价格而导致新企业无法进入反映出来的。其中,游戏产业的进入壁垒是相当高的,其构成要素包括绝对成本优势、阻止进入策略行为、政策法律制度等。

1. 绝对成本优势

游戏产业的绝对成本优势在于一些取得竞争优势的游戏企业拥有先进的游戏引擎等核心资源,同时拥有一批高科技人才以及先进的人才管理系统、绩效奖励和福利系统。

2. 阻止进入策略行为

阻止进入策略行为是指现有的游戏企业为了获得行业的竞争优势,采取一些措施阻止新的游戏厂商进入游戏行业。游戏企业一般会采取以下三方面的阻止进入策略行为。

一是针对新进入的可能具有威胁的厂商,现有厂商通过降低游戏价格来获取竞争优势。二是现有企业与显卡公司合作，开发出适合本企业游戏的驱动软件，使用户获得远远超过新游戏所能提供的游戏效果。三是组建同盟。一些实力雄厚的游戏公司，会与显卡企业结成同盟，对新企业进行压制。

（四）退出壁垒

退出壁垒是企业在退出某个行业市场时所遇到的阻碍。相对来说，游戏产业的退出壁垒没有进入壁垒高。

1. 资产专用性和沉没成本

由于游戏产业中的服务器等资产专用性并不是很高，服务器等资源完全可以转型为普通的服务器，提供网页浏览等服务，而其他游戏厂商也十分愿意购买这些二手服务器以提高自己的服务质量。

2. 解雇费用

游戏行业的人才在企业转产时可以从事其他方面的工作，如服务器的管理等，而且因为游戏厂商十分看重人才，所以一旦某个公司决定退出此行业，其他同行业公司会拉拢这些人才，这些人才也会自愿离开此公司。因此，游戏厂商在企业转产时甚至不需要支付高额的解雇费用，就能妥善处理好解雇问题。

四、市场行为分析

在市场行为分析中，下面主要从定价行为、广告行为、技术进步行为和并购行为进行分析。

（一）定价行为

1. 掠夺性定价

掠夺性定价是企业为了把竞争对手挤出市场和吓退试图进入市场的潜在对手，而采取降低价格的策略。其目的是通过降低价格来提高新游戏的进入门槛，从而获得竞争优势。

2. 限制性定价

限制性定价又称阻止进入定价，指寡头垄断产业内企业适度降低产品价格以阻止新企业进入而又可使其获得垄断利润的定价行为。限制性定价又可分为短期限制性定价和动态限制性定价。

（1）短期限制性定价。

短期限制性定价是指现有企业通过制定低于诱发进入的价格来防范新企业进入，短期内微利可获。例如，许多国产游戏的首次发售价与国外的游戏相比往往是比较低的，目的是以低价扩大市场份额。

（2）动态限制性定价。

动态限制性定价即卖家先订立一个高价，随着新企业的进入而逐渐降低价格，使其回到竞争性价格，这符合企业追求长期利润最大化的目标。许多国产游戏的初始定价会较高，但后续会推出许多活动价格，这些活动价往往远低于初始出售价格。

（二）广告行为

广告行为是企业采取的一种主要的非价格竞争方式。广告行为提高了游戏的知名度，为游戏带来了更多的人气和用户。由于广告的投入，可提高游戏的人气，留住大量用户，同时为企业创造良好的声誉，影响消费者的偏好，在同样费用下，可以获得更大的收益，所以广告提高了进入壁垒，同时导致了产业集中度的提高。

总的来说，单机游戏的广告行为和网络游戏的广告行为存在着差异。单机游戏的广告更加凸显其品牌、内容质量、引擎等方面的宣传，网络游戏则更重视对游戏的打击感、玩家之间互动的宣传。因此，游戏产业的广告策略也受到游戏的类型、受众群体的影响。

（三）技术进步行为

产业技术进步是指产业内的发明创新和技术转移。在寡头垄断条件下，具备一定实力的垄断游戏厂商着眼于长远利益，愿意通过技术创新巩固垄断地位。游戏厂商不断地收购国外先进的工作室，购买国外先进的3D虚拟游戏引擎，目的是提高游戏产品的技术水平，获得竞争优势。目前，中国游戏产业技术进步行为可以体现在以下两个方面。

一方面，AR（augmented reality，增强现实）与VR（virtual reality，虚拟现实）技术在游戏产业中应用更加普遍。随着AR和VR技术的普及，AR和VR技术在游戏产品中的应用将为用户提供越来越多的沉浸式游戏体验，而玩家可以在游戏中身临其境，获得精神上的满足感。

另一方面，游戏引擎的持续更新能够为游戏开发者提供更为先进的技术环境来开发游戏，从而提高游戏产品的质量，最终使开发者获得较大的竞争优势。

（四）并购行为

并购是指两家或者更多的独立企业、公司合并组成一家企业，通常由一家占优势的公司吸收一家或者多家公司。并购包括两种形式：兼并与收购。总的来说，并购的动因主要有以下六类：①扩大生产经营规模，降低成本费用；②提高市场份额，提升行业战略地位；③取得充足、廉价的生产原料和劳动力，增强企业的竞争力；④实施品牌经营战略，提高企业的知名度，以获取超额利润；⑤为实现公司发展的战略，通过并购取得先进的生产技术、管理经验、经营网络、专业人才等各类资源；⑥通过收购跨入新的行业，实施多元化战略，分散投资风险。

五、市场绩效分析

市场绩效是指在一定的市场结构中，由一定的市场行为所形成的价格、产量、成本、利润、产品质量和品种以及技术进步等方面的最终经济成果。市场绩效反映了在特定的市场结构和市场行为条件下市场运行的效果。在市场绩效分析中，下面从我国游戏市场实际销售收入、我国游戏用户规模、我国游戏分品类市场状况等方面进行分析。

（一）我国游戏市场实际销售收入

从图14-1中可以看到，我国游戏市场实际销售收入是逐年递增的，但是增长率存在着差异。2018—2023年我国游戏市场实际销售收入增长率呈现由下降到短暂回升再到进一步快速下降最后快速上升的演变趋势。其中，2023年我国游戏市场实际销售收入达3029.64亿元，比2022年增加了370.8亿元，同比增长13.95%，保持快速增长，可能的原因是：2020年疫情发生，居民只能居家隔离，游戏成为居民娱乐的重要工具之一。

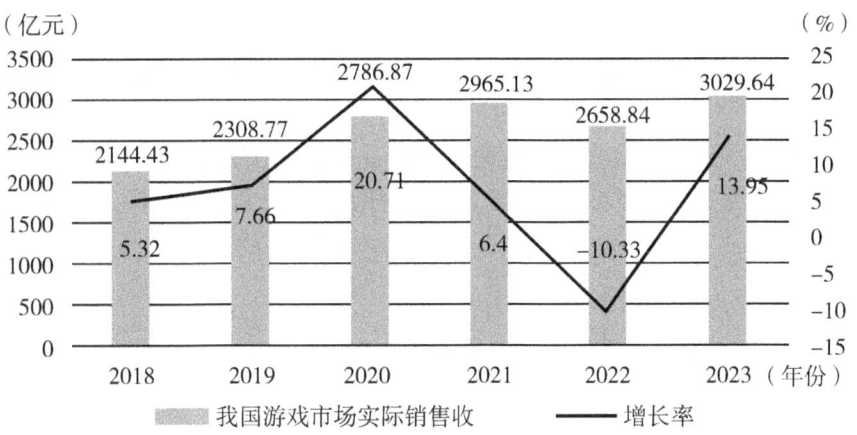

图 14-1　2018—2023 年我国游戏市场实际销售收入

资料来源：中国音像与数字出版协会游戏产业研究专家委员会所出具的游戏产业报告。

（二）中国游戏用户规模

从图 14-2 中可以看到，2018—2023 年我国游戏用户规模呈现逐年递增的趋势，2023 年我国游戏用户数量保持稳定增长，同比增长 0.61%，同时，我国游戏用户规模与前几年相比增速放缓。我国游戏用户规模增长率在 2018 年达到最高点后逐渐回落，2021 年几乎停滞，2022 年出现负增长，2023 年又有所回升。这反映了游戏市场在经历快速增长后逐步进入成熟期，我国游戏用户规模达到瓶颈，海外用户应成为我国游戏产业收入新的来源。

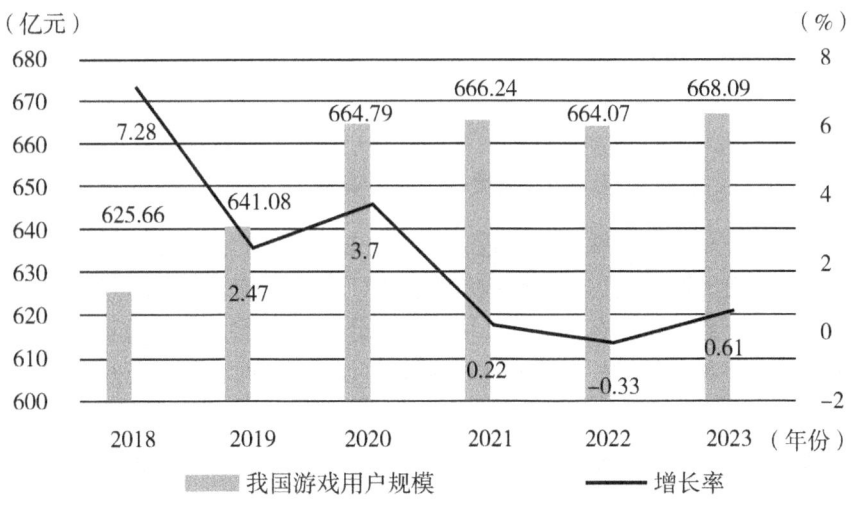

图 14-2　2018—2023 年我国游戏用户规模

资料来源：中国音像与数字出版协会游戏产业研究专家委员会所出具的游戏产业报告。

（三）我国游戏分品类市场状况

从图14-3中可以看到，我国游戏产业的产品类型以策略类、角色扮演类、射击类为主。这也反映了这三种类型的游戏的受众群体更广，具有较大的发展潜力。

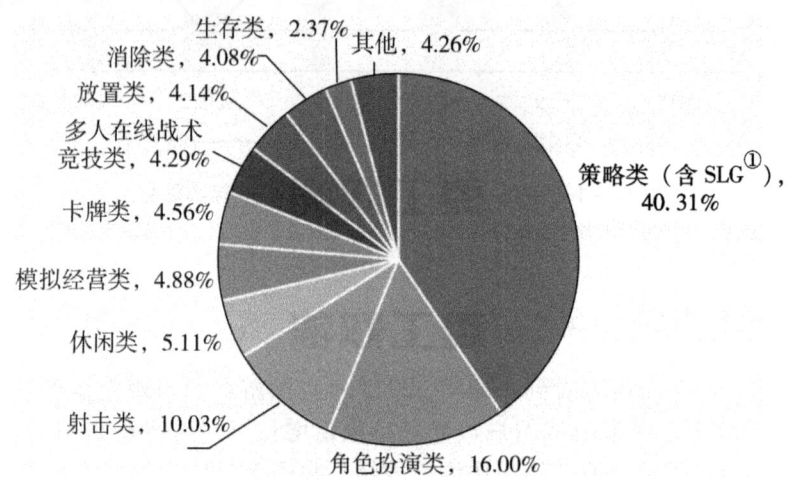

图14-3　我国游戏分品类市场状况分析（2023年）
资料来源：中国音像与数字出版协会游戏产业研究专家委员会所出具的游戏产业报告。

六、产业未来发展趋势

（一）坚持落实国家指导要求，持续加强未成年人保护工作

从中国游戏产业发展趋势上看，落实对未成年人的保护工作是游戏产业的工作重点。我国将继续加强对未成年人保护工作的监管，深化游戏产业的防沉迷工作。部分游戏企业在未成年人的保护工作方面尚需加强，随着相关政策文件的出台，游戏企业的社会责任意识会逐步增强。同时，我国正在游戏产业中形成国家、企业、家庭等多主体化的未成年人保护机制，切实落实未成年人防

---

① SLG 是 Simulation Game 的缩写，意思是策略类游戏。

沉迷工作，促进未成年人的身心健康发展。

（二）创新激发产业发展活力，提高游戏产业的核心竞争力

创新能力与精品化升级是我国游戏产业获得核心竞争力的关键因素。因此，未来我国将大力推进游戏产业的自主创新，主要体现在两个方面：一方面，对自主创新能力强的游戏企业给予政策性补贴和财政支持；另一方面，加强对技术人才的培养，培养一批专业素质强、有较强的创新能力的人才，从而打造精品化的游戏产品。

（三）推动产业升级，云游戏、电竞、VR 获得持续发展

随着计算机的更新换代、5G 技术发展，我国游戏产业的换挡升级的速度加快。5G 技术逐渐普及和网络运行速度的提高将推动云游戏、电竞和 VR 持续发展，从而推动我国游戏产业的转型升级。同时，游戏产业也将与高速发展的互联网相结合，形成"互联网+游戏"的游戏产业链。

（四）跨界融合成为主流，"游戏+"实现多维市场共赢

作为一种精神文化产品，游戏产业也具备文化的特性与功能，向用户提供正能量的精神，并对用户的精神世界产生潜移默化的正向影响。因此，游戏产业可以进行跨行业融合发展，并使其成为游戏产业盈利增长的新热点。因此，未来游戏产业将与其他产业相结合，例如"游戏+教育""游戏+影视""游戏+旅游"等，增强游戏产业的活力。

（五）加快推进游戏产业走出去，提高其在海外的影响力

游戏产业作为一种精神文化产品，有利于推动中华文化走向世界，增强中华文化的国际影响力。随着中国游戏产品的海外输出量增多，越来越多的海外玩家深刻感受中国文化的魅力。因此，未来中国游戏企业要进一步提升游戏的质量，在游戏产品中融入中华优秀传统文化元素，讲好中国故事，从而获得游戏产业的核心竞争力。

七、产业发展困境

（一）中国游戏产业的进入门槛高

目前，我国游戏市场的进入壁垒较高，在一定程度上限制了新厂商的进入。以腾讯公司为例，腾讯公司拥有强大的资金实力和人力资源优势，同时，雄厚的资金也为腾讯公司兼并其他游戏公司奠定了资金基础。在此基础上，腾讯公司已经形成了强大的竞争优势与强大的进入障碍，提高了游戏产业的进入门槛，从而使得游戏产业处于高度垄断的状态，不能形成公平合理竞争的局面。

（二）国产游戏的人力资源匮乏，品牌效应不强

总的来说，我国游戏产品与游戏的制作技术与国外 3A 大作①相比存在明显的差距。当前，国产游戏产品以模仿为主，缺乏自身的产品特色，技术上未有质的突破。同时，我国游戏产业刚刚起步，快速发展的产业无法被国内当前的人才结构及素质所满足，而且专业人才不足，并未能形成强大的品牌效应。

（三）游戏负外部性较为明显

游戏负外部性较为明显，即游戏给青少年带来的负面影响较强。由于青少年的自控能力较弱，而虚拟游戏能够给青少年带来成功的快感，因此，青少年往往会形成网瘾，沉迷于网络游戏。由于游戏企业缺乏对青少年群体的监督与正确引导，因此，部分青少年沉迷于网络游戏，使其身心健康受到损害。

（四）游戏知识产权频遭侵犯

目前，我国对游戏产品的知识产权保护工作尚待提高。国内各大非官方网站可提供汉化、破解补丁，其主要的盈利方式是通过破解游戏带来流量，并以流量吸引各种广告投放。这种破解游戏的行为层出不穷，并未能有效地受到法律的约束，给我国游戏市场带来了长远且致命的打击，毁灭了几乎绝大多数的

---

① 3A 大作指 3A 游戏，常由大型游戏公司或知名工作室开发，往往拥有庞大的制作团队，开发资金可能高达数百万甚至数亿美元，开发周期也通常长达数年，以确保在图形、音效、剧情等各方面达到极高的水准。代表着巅峰的制作质量、顶级的技术和巨大的市场影响力。

中国单机独立游戏厂商。

八、产业政策建议

（一）深耕中国游戏产业的文化底色，打造本土优势 IP

目前，我国游戏产业的产品大部分以模仿国外的游戏产品为主，是一种"换汤不换药"的形式。因此，我国游戏产业要获得核心竞争力，需要从优秀传统文化着手，要开发具有我国特点以及民族特点的游戏产品，充分利用中华民族优秀文化中的人物事迹、上古神话、名胜古迹等资源，推动游戏研发企业打造优势本土化品牌，扎根本土市场，以中华文化为导向，进一步拓展海外游戏产业市场。

（二）鼓励企业自主创新，提高游戏的制作水平

当前，我国游戏产业存在着创新性不强、盲目性模仿、寡头垄断等问题。大部分中小型游戏公司由于缺乏资金支持、企业内部的人才资源不足，其自主创新能力受限。同时，我国应该加大对中小型游戏公司的资金投入，鼓励游戏公司进行自主创新，引导游戏产业向良好的方向发展。此外，游戏企业还需要加强自主创新能力，重视对游戏制作问题的反思，分析存在的共性问题，全面解决问题，从而提高游戏的整体制作水平。

（三）加强校企合作，加大专业人才培养力度

游戏产业的发展需要一大批高素质的专业技术人才。政府应逐渐完善人才岗位与游戏产业相结合的培养方式，完善从职业学校到高等院校的一整套游戏人才培养系统，鼓励开设游戏经济、市场运营、游戏策划以及研发等相关专业。由学校和游戏厂家联手创办产学研一体培训基地，从而培养一批满足游戏公司需求的高素质人才，制作出精品游戏，推动我国游戏产业的发展。

（四）加强政府部门的指导与服务

随着互联网的发展，游戏已经成为人们娱乐的重要工具之一。游戏作为一种精神产品，会对人们的行为产生潜移默化的影响。因此，加强对游戏产业的引导工作至关重要。政府部门在得知较为准确的产业信息后，应该通过科学的产业支持政策，帮助游戏产业改进制度并加强对其的宏观指导与服务。

（五）发挥游戏产业的正面效应，发挥游戏的教育功能

青少年学生处于青春期，好玩好动是大部分青少年学生群体的重要特征。游戏公司应结合青少年学生群体的特征，设计一道道知识关卡，使学生在通关过程中获得知识。同时，在后疫情时代，居家消费成为居民一种新的消费模式。游戏公司可以推进游戏产业与其他产业融合，从而获得商机。例如，游戏产业可以和旅游产业相结合，将著名的旅游景区设计成一道道游戏关卡，使人们能够在游戏中获得旅游的体验感，足不出户就能观赏到名胜古迹，感受到中国文化的魅力。

思考题

1. 我国游戏"出海"的前景如何？未来应如何在海外市场最大化游戏产品的竞争优势？
2. 技术创新是游戏产业发展的驱动力，谈谈你认为的未来游戏产业中可融入的技术以及其发展前景。

参考文献

［1］2020年中国游戏产业报告［R］．北京：中国音数协游戏工委，2020．

［2］安景文，王晓川．我国网络游戏产业市场结构与进入壁垒分析［J］．商业时代，2013（13）：124－125．

［3］曹馨月．数字经济时代中国游戏产业发展面临的机遇、挑战和对策［J］．商业观察，2023，9（23）：92－95．

［4］陈庆华．游戏产业视域下中华传统文化的表达创新［J］．出版广角，2021（6）：85－87．

［5］刘星．浅谈网络游戏抄袭的侵权认定［J］．经济师，2021（5）：57－59．

［6］苏东水．产业经济学［M］．4版．北京：高等教育出版社，2015．

［7］陶萍，邹晓悦．新冠疫情下居家文化消费现象研究［J］．商业经济，2020（11）：159－160．

［8］王晓丹．我国网络游戏产业的经济学分析［J］．营销界，2021（18）：119－120．

［9］魏玉山，崔海教，王飚，等．2022—2023年中国动漫游戏产业年度

报告[J]. 出版发行研究, 2024 (2): 15-22.

[10] 杨柏. 中国游戏产业的发展与特征[J]. 艺术教育, 2021 (1): 186-189.

[11] 张兆弓, 张晓瀚. 中国游戏产业发展趋势下的游戏创作业态[J]. 当代动画, 2024 (2): 86-91.

[12] 甄家泽. 中国游戏产业发展研究[J]. 现代营销(下旬刊), 2020 (11): 222-223.

[13] 郑畅. 基于新数字媒体技术下游戏的发展与创新思考[J]. 文化产业, 2021 (3): 159-160.